JN319661

松浦弥太郎の新しいお金術

松浦弥太郎

集英社文庫

本作品は二〇一二年三月、集英社より書き下ろしとして刊行されました。

松浦弥太郎の新しいお金術　目次

はじめに　9

I

お金は友だち　悩み解消、最初の一歩

「お金さん」と呼ぼう　18
友だちになろう　24
お金が大好き、と言おう　27
お金さん、ありがとう　32
お金さんに喜んでもらうには　36
大丈夫、お金は貯まります　40
お金は血液。動いていますか　44

Ⅱ

お金は自分のものじゃない　いきいきと皆で育てる

お金をせき止めてはいけません　48
「自分株式会社」を経営しよう　51
哲学があれば安心です　54
ロビンソン・クルーソーの貸借対照表　58
家族でお金の話をたくさんしよう　64
五百円から始めるお金のレッスン　67
一年のお金プランはお正月に　71
「勤《きん》ちゃん」と「務《つとむ》くん」　76
お金さんと時間さんは仲良し　82
農夫のように育てる　89
年代にふさわしいお金プランを　95
焦らずに一歩一歩　103

Ⅲ

お金の愛し方　財布には知恵と想像力を

誠実に、正直に、勉強あるのみ　108
人のために使うほどお金は喜ぶ　111
想像力でお金を分配しよう　116
持っているものを見直そう　121
物事の価値を見定める　125
ものよりも経験に役立てる　127
財布に穴があいていませんか　133
知らぬ間の借金に気をつけよう　137
時にはチャレンジを恐れない　140

Ⅳ お金が減らないのはなぜだろう　お金持ちの心得を聞く

お金について学び続ける　148
好奇心の木を枯らさない　150
お金さんを追いかけない　152
弱者にならないように　157
人の目を気にしなくていい　160
なんでも素直に試してみる　166
大きなことにお金を使おう　170
ちいさなお金には心をのせよう　174
自分にできることを一心に　176
友だちと知恵さえあれば　181

特別収録

伊藤まさこ×松浦弥太郎　スペシャル対談　187

本文デザイン　櫻井久（櫻井事務所）
本文イラスト　Ｐａｕｌ　Ｃｏｘ
編集協力　青木由美子
写真　清水将之

はじめに

お金について悩んでいる人はとても多いと思います。

足りないと悩んでいる人、たくさんありすぎて悩んでいる人。年齢によってもきっと違ったさまざまな悩みがあるでしょう。お金の悩みとは、一生ついてまわる悩みなのかもしれません。しかし、お金というのはそういうものだからとあきらめてしまうか、いや、きっとお金について悩まなくてもいい方法や知恵はあるはずだ、と考えるかの違いは大きいと思います。

僕は子どもの頃《ころ》からお金について悩んできました。いわゆるお金の成功と失敗のふたつを両親が経験したのを見て育ったからです。自分でも社会で働くようになってから、そんなお金の成功と失敗を大なり小なり経験してきました。

けれどあるとき、お金について悩んでいない人たちがいると知ったのです。その人たちは皆、成功者、お金持ちと言われる人たちでした。僕はどうしてもお金持ちになりたい気持ちから聞いたのです。「お金持ちになるにはどうしたら良いでしょうか？」と。

するとその人たちが教えてくれた知恵や方法がありました。驚いたことにそれは、みんなまったく同じ答えだったのです。

「お金に好かれるような暮らし方、仕事の仕方をすること」

「お金に好かれるような自分でいること」

この言葉に僕は目からうろこが落ちました。骨董《こっとう》の世界には「ほめればものは集まる」という言葉があります。それと同じかもしれないと思いました。そこにひとつの知恵が隠されている。そんなふうに思い、僕はさらにお金と仲良くなるための法則について、たくさんのお金持ちに話を聞いてまわりました。お金持ちで、しかもお金に悩んでいない、いわばお金に好かれている人たちです。皆さん、いやがることなく喜んで僕に教えてくれました。今、思えばそれがなぜかはっきりわかります。それはお金が喜ぶことでもあるからです。

お金が喜ぶ、そんな法則の数々を、僕は自分の暮らしと仕事の中で実行しました。今までお金に見向きもされなかった僕でしたが、そうすることですこしずつお金が振り向いてくれるようになりました。それまで抱いていたお金の悩みも薄れてきました。資産家になれたわけではありませんが、今ではひとつもお金の悩みがなくなりました。日々、お金とどんどん仲良くなっている自分がよくわかるのです。こんなふうに、ほんのちょっとした考え方や行動や思いによって、これほどまでに暮らしと仕事が変わるのかと驚くくらいです。

今、世の中は不景気で、賃金も伸びません。いわゆる中堅クラスの所得も急激に減っています。税金や社会保険などの公的負担も年々増加していくでしょう。諸々の手当も期待できません。年金支給の不安も拭《ぬぐ》えません。給与のダウン、消費税アップ、年金制度の崩壊という現実に直面せざるを得ない今、お金の悩みと不安に呑《の》み込まれそうになっている人は多いのではないでしょうか？けれど、節約や支出について汲々《きゅうきゅう》としたり財テクをあれこれ考える前に、知っておくべき大切なことがあります。

これからの時代は情報格差や知識格差によって、人々の暮らしや仕事にも大きな格差が生まれていきます。知っていると知らないの差だけで、しあわせと不しあわせの差が生まれるのです。それは、好奇心や関心を持って素直に学ぶのか、信じることをせず、そんなの嘘《うそ》だと、あきらめるのかの差でもあります。

あきらめずに、まずはお金とは何か？　お金に悩まないための方法と知恵について学びましょう。自分が今、お金に好かれているか、好かれていないか、それを知ることです。僕もその一人でしたが、自信を持って自分はお金に好かれている、と言える人はほとんどいないのではないでしょうか。でも安心してください。最初からお金に好かれている人などいないのです。僕が話を聞いたお金持ちの人たちも皆そうでした。

僕が見つけたお金に悩まなくなる方法と知恵、そして法則。それは誰《だれ》でも今すぐ始められ、今すぐお金に悩んでいる自分を変えることができるお金術です。学ぶのは若ければ若いほど良いと思いますが、歳《とし》を取っていても決して遅くはありません。今日から始めればよいのですから。

一生お金について悩んで生きていくか、一生お金について悩まずにお金と仲良く生きていくか。それはあなた次第です。ほんとうに。

松浦弥太郎

松浦弥太郎の新しいお金術

I

お金は友だち

悩み解消、最初の一歩

「お金さん」と呼ぼう

特別ていねいな言葉を使わない人でも、ていねいに扱っているものがあります。

たとえば、「お米」。男性でも女性でも、「お」をつけずに「米」と言う人は、あんまりいない気がします。

「お砂糖」「お塩」は、人によりけり。「お紅茶」なんて言ったら昔の奥さまみたいですし、「お車」と言うのはホテルやお店の人くらいでしょう。

あたりまえに「お」をつける言葉は、たくさんありそうでいて、案外、少ない気がします。

そんな中、「お金」も「お米」と同じで、たいていの人が「お」をつけます。

「そこの銀行で金をおろさなきゃ」

「金が貯《た》まったら旅に出たいな」

普段からこんなふうに話す人は、いないとは言いませんが、少数派です。

「お金を使う」

「お金があったら○○がしたい」

こちらのほうが自然に感じます。

「お米」や「お金」といった、多くの人が「お」をつける言葉は、僕たちの暮らしの根っこの部分に、しっかりとかかわっているもののように思います。

それだけ大切なものだと文化に根付いており、まわりから教えられたからこそ、僕らは米や金に、いつのまにか「お」をつけるようになったのではないでしょうか。


同じように大切なものですが、お米とお金は性質が違います。

いちばんの違いは、つきあい方。

お米とのつきあい方よりも、お金とのつきあい方のほうが、数段むつかしいと僕は思います。

お米には玄米、白米、胚芽米《はいがまい》といった違い、黒米、タイ米、ワイルドライスといった違いがあり、炊きたてごはん、おにぎり、ピラフなどの調理法があります。

料理というのは組み合わせなので、種類は数えきれないほどありますが、一般的に、僕たちとお米とのつきあいはいたってシンプル。料理して食べる、誰かに食べてもらう。ただ、それだけです。

日本やアジアの国々はもちろんのこと、イタリアや中央ヨーロッパなどでもお米を食べますが、そもそも「お米を食べない」という食文化の国もあります。もしかしたら日本でも、「パンや麺類《めんるい》が好きだから、お米はなくてもいい」という人がいるかもしれません。お米は大切なものだけれど、つきあわなくてすむものでもあります。

では、お金はどうでしょう。

お金にはコインもお札もあるし、国によって通貨は違います。日本で言えば、コインが六種類、お札が四種類。お米の調理法より、種類ははるかに少なそうです。

しかし、お金は稼ぐ、貯める、使う、増やすなど、さまざまな面があります。「使う」ひとつとっても、どう使うかでまったく違うつきあいになります。使ったあとも、お金と引き換えに得たものや便利さなど、影響がひろがっていきます。暮らしそのものを変えてしまう力は、お米よりお金のほうが大きいのです。

「おいしかった、ごちそうさまでした」

「いっぱい食べて、元気が出た」

お米を食べた影響はこのようにシンプルですが、お金とつきあった影響はもっと幅広く、さまざまです。

また、お米を食べない文化はありますが、お金を使わない文化はありません。

お米が大好きな犬も、チャーハンに目がない猫もいるかもしれませんが、お小遣いをねだる犬も、浪費癖がついた猫もいません。ゴミの中からほしいものを見つけ出す目ざといカラスは、ピカピカ光る瓶のキャップとお金を見分けられるかもしれませんが、わざわざお金だけを狙ったりはしません。

お金を自分で使う動物というのは、人間以外にいないということです。

お金とつきあって生きていくこと。

これは、僕たちが人間である証拠かもしれません。

「お金」を、もっとていねいに、大切に扱ったほうがいいのではないでしょうか。

お金が貯められない人、「お金がない」というのが口癖の人、お金を持っていても苦労している人は、たくさんいます。お金に困っていたり、悩んでいたり、迷っていたりするなら、お金とのつきあいかたを、もう一度考えてみる。

「これならすぐにできるかもしれない」

僕が思いついた方法はごく簡単で、お金に「さん」をつけること。

「金」と呼びすてにしないのは当然のこととして、「お金」ではなく「お金さん」と、もっと愛情込めて呼ぶ癖をつけるのです。

これと似た言葉が「お客さん」。大切な人を呼ぶ言葉だから、「客」では失礼だし、「お客」でもまだ足りない。だから「お客さん」あるいは「お客さま」と、僕らは呼んでいるのではないでしょうか。

「お金さま」だと、いささかていねいすぎる感じもあるので、僕としては「お金さん」と呼んでつきあうくらいが、しっくりきます。

今日からお金を、「お金さん」と呼んでみる。これが、お金といいつきあいをする第一歩です。

「お金さん」と呼べば、お金とのつきあいが変わるし、人生の風向きも変わる。

僕はこの頃、大真面目《まじめ》にこう思っているのです。

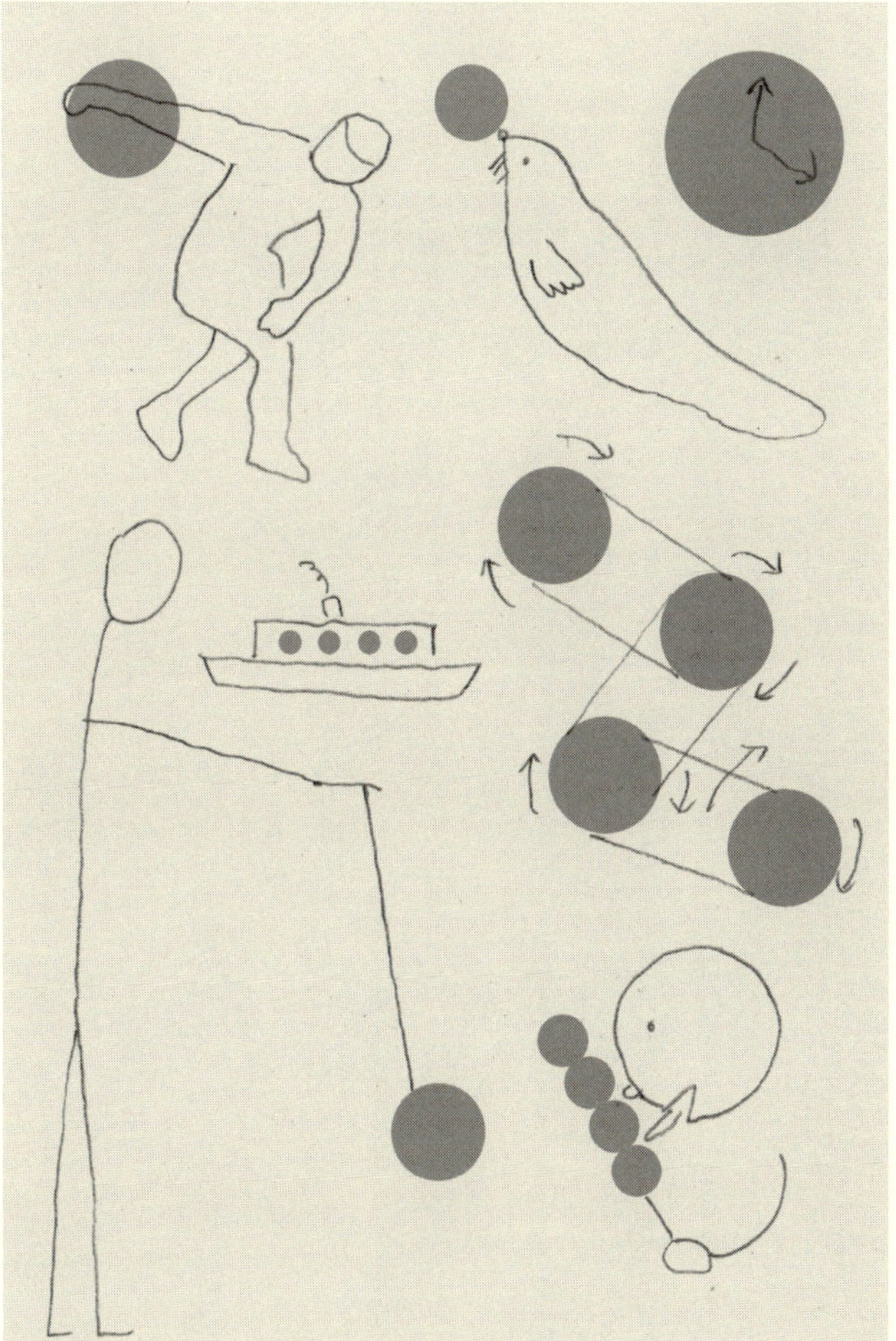

友だちになろう

お金は「お金さん」と呼ぼう。

僕がこんな提案をするのは、お金と友だちになりたいからです。

お金とうまくつきあっていくことは、生きていくうえで大事なことです。僕たちは皆、お金とつきあわずに暮らしていくことはできません。

では、どのようにつきあえばいいのだろう?

働き、収入を得るようになってしばらくした頃、つまり大人になった頃から、僕はずっとお金とは何かと考えてきました。

お金とのつきあいと言うとすぐさま、節約や貯蓄や投資、得する運用といったテクニックの話がたくさん出てきますが、もっと根っこの部分から考えてみたいと感じました。

自分なりにいろいろ考えて、お金とうまくつきあっている人についても、そうでない人についても考えました。そもそも、お金って何だろう、と。

そしてあるとき、気づいたのです。お金とどうつきあうかを決めるなら、僕は「友だちづきあい」がしたいと。お金というのは、友だちみたいなものじゃないかと。

生きていくうえでなくてはならない存在。
親しくなりたい存在。
好きだし、尊敬の念もある存在。
親しくてもべたべたしすぎず、節度のある関係。
一生つきあったりするけれど、パートナーのような一対一のつきあいではない関係。

考えてみると、お金と友だちはよく似ています。上質な友だちづきあいが僕たちをしあわせにするのと同じく、「お金さん」との上質なつきあいは、よい人生をかたちづくってくれるのではないでしょうか。

価値観が同じもの同士で友だちになると、強い結びつきになります。

生きていくうえではいろんなことがありますから、縁がなくて離れていく友だちもいますが、新しくできる友だちもいます。

友だちに恵まれれば、人生が豊かになります。

こういった、僕らがあたりまえのように大切にしている、「友だちとのつきあい方」を「お金さんとのつきあい方」に置き換えれば、うまくいくと思うのです。

もしもお金が友だちであれば、当然、大切にします。友だちであれば、かなしませるようなことをしたりしないでしょう。離れていかないように、心を込めてつきあうでしょう。

また、もしもお金が友だちであれば、関係は対等です。きちんとつきあうなら、こちらが与えるばかりではなく、相手も与えてくれます。

僕が大切にすれば、友だちも僕を大切にしてくれます。かなしませたりすれば、離れていってしまいますが、尊重し、仲良くすればずっとそばにいてくれます。それどころか、別の友だちを紹介してくれて、友だちがもっと増えていきます。これと同じことが、お金さんとのつきあいでも起こります。

お金持ちとはきっと、お金さんとの友だちづきあいが上手な人なのです。

お金が大好き、と言おう

「誰からも好かれていない」

「心を許してくれる人が、一人もいない」

どうしたらいいんでしょうと、悩みを聞かされることがありますが、そんなとき僕は、答えではなく質問で返します。

「じゃあ、あなたは誰が好きなの？」

「きみが心を許している人は誰ですか？」

すると、相手はたいてい首を横に振ります。誰もいない、と。考えてみるとこれはしごく当然な話とも言えて、自分が誰も好きではないし、自分が誰にも心を許していないから、誰にも好かれないし、心を許されないのだと思うのです。関係性というのはリングのごとくつながっているもので、くるりと回ってもとの場所に戻ってきます。

「お金がない」

「いつも貧乏で、先行きが心配です」

もしもあなたがこんな悩みを抱えているのなら、たぶんあなたはまだ、お金と友だちになっていないのです。「お金さん」と呼ぶ関係に、たどり着いていないのでしょう。

「お金さん」と呼び方を変えることは、お金と仲良くするためのとびきりいい方法ですが、気持ちがこもっていたら、最高です。

「お金さんが、大好き」

心からこう思えたら、お金の心配は、お日さまが昇ったあとの朝露みたいに、すうっと消えていくはずです。


「お金のことを話すのは、抵抗がある」

「お金は汚いものだ」

もしかしたら、無意識の中に、こんな考えが染み込んでいるかもしれません。でも、はたして、真実でしょうか。

たしかに、新聞を読んでもテレビを見ても、世の中にはたくさんのかなしかったり恐ろしかったりする事件があふれていて、そこには必ずお金が絡んでいます。

お金を目当てに、人を殺した。

政治家が、違法な献金を受けた。

僕たちはそうしたことを日々目にしたり、耳にしたりしているから、「お金は汚い、悪い、怖い」と思い込み、「お金のことばかり言う人は卑しい」と蔑《さげす》み、「お金のことを話すのは抵抗がある」と感じるようになったのかもしれません。

しかし、僕は思うのです。

汚いのは、悪いのは、怖いのは、「お金さん」ではなくて人間の心だと。

よこしまな心や、欲にとらわれた心で、「お金さん」ではなく「金」として扱う隙《すき》をついて、恐ろしい犯罪や、目を覆いたくなるようなおぞましい事件が起きているのではないでしょうか。

友だちであるはずのお金さんに、人間のほうが無礼きわまりない態度を取り、ひどい扱いをし、罪深いことに巻き込んでいる、これが真実のように感じます。

扱いようによっては、お金はすばらしいものや善き行いをたくさん生み出します。

刃物を持てば人を殺《あや》めることもできる僕たちの手ですが、手自体は恐ろしい凶器ではありません。僕たちの手は、美しいものを作り出すことも、愛する人を抱きしめることもできるのです。

悪いのはお金さんではなく、自分の心、人の心。

使う側《がわ》の心持ち次第で、お金はいいものにも、悪いものにも変わる。

こうしたことを学び直し、心に染み付いた「お金への偏見」を取り除くことが、お金を「お金さん」と呼び、友だちになるための大切な一歩だと思います。

「お金が大好き」

「お金はいいもの」

心の奥底から、感じられるようになりたい。

ちょっと恥ずかしいならば、たとえば、一人になれるお風呂《ふろ》の中で、つぶやいてみたっていいのです。「僕は、お金さんが大好き」と。

長いことさまざまな仕事をしていて、わかったことがいくつかあります。そのひとつが、「嫌いなものは、絶対に自分のものにはならない」ということ。

いやだな、と思うことやものは、自然に自分から遠ざかっていくのです。

だから僕は決めています。手に入れたいと思うこと、仲良くしたいと思う人は、何があろうと決して嫌わないと。お金さんにしてもそれは同じで、非難、批判、中傷をぶつけてはいけないと信じています。


お金の悪口を絶対に言わない。

お金に嫉妬《しっと》してもいけない。

嫉妬というのはとても恐ろしくて、お金のまわりに渦巻いています。友だちが成功したり収入が増えたりしたとき、あなたにそれを妬《ねた》む心があれば、友だちも、「お金さん」というもう一人の友だちも、そっと去っていくでしょう。


他人のしあわせを喜べる自分でいたい。

仲良しを自分が独占するのではなく、「友だちの友だちは、友だち」という、広がりがあるつながりを目指しましょう。

自分だけがお金さんと仲良くするのではなく、自分も友だちもお金さんと仲良くし、お金さんもお金さんと仲良くし、という状態を作ろうではありませんか。

お金さん、ありがとう

僕が、毎朝いちばんに口にする言葉は「ありがとう」です。

まず、ベッドから元気に起き上がれたことに、「ありがとう」

体というのは絶対に壊れない頑丈な機械ではなく、繊細な楽器みたいなもの。ちいさな奇跡の無数の組み合わせで動いてくれているものです。眠っていてまるで意識しないのに、絶え間なく息を吸って吐き、鼓動し、次の朝まで僕を運んできてくれた体。自然に「ありがとう」という言葉が出てきます。

昇ってきてくれたお日さま。そよいでくれる風。雨降りの朝は、うるおいをくれる水の恵みに「ありがとう」

家族には「おはよう」と言いますが、たぶんこれは「今日もここにいてくれて、ありがとう。いつもありがとう」の気持ちを込めた言葉だと思っています。

かけがえのない友だちであるお金さんに対しても、分け隔てすることなく、毎朝

「ありがとう」と言っています。お金さんはしゃべらないけれど、自分の友だちである存在として、心を込めて声をかけるのです。

大切な人には、思いやりを持ちます。思いやりを持つとは、感謝すること。感謝の先には尊敬があります。人でも、自然でも、お金でも、大切な存在に対しては、いつも思いやりと感謝、尊敬の念を抱き、「ありがとう」という言葉にして表そうと決めています。

お金さんに対する「ありがとう」という気持ちは、言葉だけではありません。扱いにも気を配るのが、あたりまえだと考えています。

遠い街から訪ねてきてくれた友だちには、家の中の特等席、ゆったりしたソファをすすめ、くつろいでほしいと思います。おいしいお茶をていねいに淹《い》れて、ほっとしてほしいと願います。

お金さんに対しても、僕は同じ気持ちを持っています。遠いところから旅をして、僕のところまでたどり着いてくれたのですから、ぞんざいにするなど、もってのほかです。

たとえ部屋の中でも、お金を放《ほう》り出しておくことは何があってもしません。小銭であっても、家に帰るなりぶちまけるなど、粗末な扱いは言語道断。間違ってもズボンの尻《しり》ポケットに財布を入れて、椅子《いす》に座って、お尻で踏みつけるなんてことはしません。

財布は常にお金さんが居心地よく収まる、きれいなものを選びます。僕が愛用しているのは、黒革の札入れと小銭入れ。折にふれて中まで拭き、大切に使っていますが、二年に一度、買い替えることにしています。お金の流れが澱《よど》まないようにしたいからです。

お札は決して折らず、きちんと向きを揃《そろ》えるよう、いつも気にかけています。一日に二度くらいは、財布の中の整理整頓《せいとん》。お店やタクシーでおつりをもらったときなど、揃える時間がないことがありますが、放っておいてはいけません。千円札は千円札、一万円札は一万円札で、お金さんが居心地よくなるように、折をみて整えてあげるのです。

レシートはその日のうちに財布から出して整理してしまいますし、お店のポイントカードの類《たぐ》いは、いっさい持ちません。無駄なものでごちゃごちゃと財布を膨らませてお金さんに窮屈な思いをさせたら、ポイントを貯めたぶんのお得より、ずっと大きな損失につながると考えています。

友だちづきあいの基本は、自分がされてうれしいことを、相手にしてあげること。思いやりと感謝をはっきり示すこと。財布をきれいにし、気持ちよく過ごしてもらうのも、お金さんへのもてなしです。

毎朝、お金さんに「ありがとう」と言う。いつもお金さんが気分よく過ごせるように気づかいましょう。ていねいに接しましょう。

お金さんに喜んでもらうには

友だちづきあいの基本は、自分がされてうれしいことを、相手にしてあげること、と書きました。つまり、いつも相手を喜ばせようと思いやることです。ところがこれは、とても複雑なパズルに似ています。

人間であれば、同じふるまいであっても、喜ぶかどうかが相手によって変わります。ある友だちは大喜びしたことでも、別の友だちには響かないことだってある。同じ相手でも、時と場合で変わります。また、相手を喜ばせようと思ってしたことが、かえって傷つけてしまうという、かなしいことだってあるでしょう。

お金さんの場合は、人間の友だちに比べるとシンプルです。僕のやり方は、お金を使うときに、一瞬だけ立ち止まること。そして自分にこう問うてみるのです。

「さて、こんな使い方をして、お金さんは喜んでくれるだろうか？」

僕はしょっちゅう、こう問いかけています。大きな買い物をするときだけではありません。コンビニエンスストアに入ろう、というときでもやります。
「さて、こんな使い方をして、お金さんは喜んでくれるだろうか？」

たまにとても疲れていて、無性に甘いものを食べたくなることがあります。ほんとうは、たいしておなかもすいていない。何かを買えば、甘いものでも食べれば、いっときストレス解消になってすっきりします。けれど冷静に考えれば、ちょっと我慢して家に帰り、スープを作って食べたり、野菜でもゆでて食べたほうが、くたびれた体にはよほどいいのです。よじれかけた心も、ひとときのストレス解消でごまかすより、原因に向き合い、じっくり解きほぐしたほうが軽くなります。こんなふうに買われてしまうお菓子もかわいそうです。せっかくのおいしさも、後悔するであろう、ごまかしとともに味わうことになってしまうのですから。

僕にとって、お金さんは喜ばないかも、とうすうす感じながらの買い物は、大切な友だちの価値を、ごまかしとイコールにするというかなしいふるまいです。

そんなことをされて、お金さんは喜ぶでしょうか？

お金さんは、もっと果たしたい役目があるのではないでしょうか？

もしもあなたが全精力を傾けて仕事をしているのに、「役に立たないどころか、せっかくのプロジェクトがかえって悪くなった」と言われたら?

お金さんに、そんなつらい思いをさせてはなりません。友だちを、友だちとして尊重するなら、あたりまえの話です。このように、お金さんと親しくなるには気づかいが必要です。努力しなければなりません。

「お金さんともっと仲良くなれる、そんなつきあいをしよう」と心にしっかりと決めなければ、簡単に友だちにはなれないということです。

人は、自分を喜ばせてくれる人を好きになります。誰もが、大切にしてくれる人のそばにいたいと思います。お金さんもこれは同じで、自分を喜ばせ、大切にしてくれる人のところに集まってきます。

友だちはまた、一人できるとその一人がもう一人の友だちを連れてきてくれます。お金さんもこれは同じで、いったん「松浦弥太郎という人は、僕を喜ばせ、大切にしてくれる」と思えば、もっと友だちを連れてきてくれます。「すごく面白いし、会っているといつもいい関係が保てる」と一人の友だちが言えば、「じゃあ、紹介してよ」となるのは、人もお金さんも一緒のように感じるのです。

「お金持ちとは、お金さんとの友だちづきあいが上手な人」

考えれば考えるほど、そう思います。


僕らは皆、弱さを抱えた人間だから、友だち同士であってもケンカをします。神さまではないのですから、別れは避けられないものです。

全部のつきあいがうまくいくというのはあり得ない話で、それはお金との関係も同じです。出会いがあれば別れがあるのは摂理です。そこは素直に、受け入れなければなりません。大切なのは、別れから何を学ぶかです。

学ぶには、真実を素直な気持ちで見据えること。たとえばお金さんという友だちと別れるとき、まわりのせいにしたり、お金さんのせいにしたりしてはいけません。原因をよく考え、自分の至らなかった点を反省する。悪いところは直し、新しく学ぶ。そうすれば別れは、自分を成長させる貴重な機会となります。

そうやって新しくなった自分は、いつかまた、友だちに再会できるはずです。人間の友だちとも、お金さんという友だちとも、ふたたび巡り会うことができます。

大丈夫、お金は貯まります

ほんとうにちいさな頃は、子どもだけでは遠くに遊びにいけません。僕らの時代の話をすれば、子どもだけの行動範囲というのは、近くの公園。せいぜいが、学校のそばの原っぱ。電車に乗って、大きな街に出かけるときは、誰か大人が一緒というのがルールでした。

友だち同士だけで、連れ立って街に出かけられるようになるのは小学校高学年、「自分でできること」が、だんだん増えてきた頃合いでしょう。言葉をかえると、ある程度の責任が持てるようになった頃ということです。

「お金さん」と一対一の友だちづきあいを始める場合も、自分である程度の責任が持てるようになっていなければなりません。

お金さんと、友だちづきあいをスタートする準備が整っているかどうか。それを測るひとつの目安は、まず百万円貯めることだと僕は思っています。

働いて、お金をもらって、使う。このシンプルな繰り返しから一歩進んで、大人としてお金さんとの友だちづきあいを考えるには、「とりあえず使わなくてもいい百万円」を持つことがスタートラインだと感じています。

「この百万円をどうしよう？」

「このまま蓄えておくのがいいのだろうか？」

「何か自分のためになることに使おうか？」

「もっと殖《ふ》やすことを考えようか？」

「世の中の役に立つことができるだろうか？」

使い道が決まっていない百万円を持ったとき、こうした問いかけをする余裕が生まれ、お金さんとのつきあいがようやく始まるのです。

もちろん、百万円を貯めるというのは、簡単なことではありません。不景気だ、経済状況が悪い、正社員として働いていないなど、「百万円貯めるなんて無理な理由」は、いろいろあります。

しかし、一瞬で百万円を儲《もう》けろという話ではないのです。一所懸命に働いて、お金について真剣に考え、コツコツ貯める。この覚悟さえあれば、時間がどれだけかかるかの差はあるでしょうが、今のあなたが新入社員でも、アルバイトでも、百万円というのは不可能な額ではありません。

一千万円となると話は別ですが、日本で百万円というのは、普通の人が頑張ればなんとか手にできるはずの額です。

逆に言うと、働いているのに何年かかっても百万円が貯められないというのは、一種の病気、言わば「お金の病」です。原因は、景気でも職種でも賃金体系でも家族の問題でもなく、自分にあります。

だからこそ、お金の病は治ります。自分のうちにある原因に気づけば、お金さんとのよいつきあいが始まり、どんどん健康になっていくのです。

仕事をするとは、自分の能力を使って、社会のために何かしらをかたちにすることです。それはものづくりかもしれないし、アイデアを売ることかもしれない。労働力の提供かもしれません。仕事がかたちになると言っても、現れかたはいろいろです。本をつくっている僕のようにわかりやすい「かたち」もありますが、仕事によってはもっと複雑で、わかりにくいものもあります。

そして、仕事の果実には「かたち」以外にもうひとつあって、それがお金だと思うのです。

大人になると一日二十四時間のうち、大きな割合を占めるのが仕事ですから、僕たちは自分が頑張っているあかしがほしくて、「かたち」や「お金」を求めるのかもしれません。そう考えると、「かたち」も「お金」もどちらも尊いもので、仕事をきちんとしたぶんだけ、しっかりした手応《てごた》えがあるのが、すこやかな状態だと僕は感じます。

仕事の健康診断としても、百万円貯めるというのは目安になります。百万円貯められるというのは、元気に働けていて、大人としての責任が持てるようになってきた印だということです。

お金は血液。動いていますか

お金さんは友だちであり、生きていくうえで欠かせないものです。暮らしと仕事を支えるものでもあり、そう考えてみると、血液みたいな存在かもしれません。

僕たちの体のすみずみまで常に循環し、栄養を行き渡らせてくれる血液。血液はまた酸素も運び、細胞を元気にしてくれます。

お金がある、お金がない。

お金さんとうまくつきあっている、お金さんのことで悩んでいる。

これは、自分が健康であるかどうかの、もうひとつのバロメーターと言えます。それなら、いつも意識し、きちんと管理したいと思うのです。

僕の考えでは、お金持ちというのは血管が太くて、たくさんの血液が流れている人たち。普通の人は普通の太さの血管に合った量の血液が、お金がない人は細い血管に合った量の血液が流れているイメージです。

血管が太くても細くても、ふさわしい量の血液がきちんと循環していれば、健康と言えます。そうした視点で、ときどき自分の「健康チェック」をしてみましょう。

体の健康というのも、間違いなく貴重な財産です。自分の体に心配りができなかったとしたら、お金さんと仲良くするゆとりは生まれてこないでしょう。

友だちを増やす方法は、自分がきれいな花のような存在になることです。花というのはどんな花でもきれいなものですが、とりわけきれいな花とは、すこやかな花です。みずみずしく、いのちが輝いていて、思わずみんなが引き寄せられてくるような力を持っています。

そのためには体をいたわること。適度な睡眠を取り、バランスのいい食事をすること。無理をしない規則正しい生活、十分な休息と運動で、自分なりの健康という財産を守ること。

そのうえで、自分を磨きましょう。お金さんのことを含めて、いろいろな勉強をしましょう。

Ⅱ

お金は自分のものじゃない

いきいきと皆で育てる

お金をせき止めてはいけません

「今はまだ、お金さんと友だちになれていないし、お金持ちじゃありません」
たいていの人がこの状況だと思いますし、若ければなおさらでしょう。そんな人へのアドバイスは、「まずお金を貯めなければいけない」というものがほとんどです。本屋さんに並ぶお金についての本にしても、「倹約や節約の知恵」や、「貯金の重要性」が主張されているようです。

僕はこの点は意見が異なり、お金と友だちになるためには、いい使い方をするのがいちばんだと考えています。

もちろん、大切な友だちが喜ばないような無駄遣いはもってのほか。倹約や節約を否定するつもりはありません。

しかし、「できるだけ安くあげよう、使わずにいよう」という姿勢でお金が貯まるかと言えば、大間違いだと思っています。出ていくお金がいくばくか減るかもしれませんが、貯まるぶんなどわずかなもので、使ってしまえばそれで終わりです。

僕が思うに、お金さんともっと仲良くする方法は次の二つ。

一つ目は、自分の収入を上げる努力をすること。

二つ目は、「どう使うか」を考えることです。

貯金というのは、「百万円貯める」というスタートラインに立つ準備運動の期間は別として、意識しなくていいものだと思っています。

だんだん収入を上げていき、知恵をつけ、かしこい使い方をすれば、必ず余裕が出てきます。貯金というのは結果として自然にできるものであって、最初から目的にするのは、「何か違うな」と感じます。

「お金は血液と同じ」と書きましたが、さらさら流れているのがいちばんではないでしょうか。

資金を蓄えることを英語で〝pool〟と言います。川の流れは生きていて、いつも新鮮な水が循環していますが、プールの水は、放っておけば澱んでしまいます。貯金とは、本来、絶えず流れているべきお金をせき止める行為。こう考えれば、貯金など不要に思えてきます。収入を上げて正しく使い、絶えずお金という血液を自分の中で循環させていく。やがて大きな流れになったら、自分のちいさなプールに貯め込んだりせず、社会という川の流れに解き放つ。これが自然ではないでしょうか。

いろいろな仕事がようやくかたちになり、少しまとまったお金が手元に残るようになった頃、僕に教えてくれた人がいました。

「君の年頃であれば、貯金だけはしちゃいけないよ」

働くとは、社会とかかわり、自分を役立てること。その対価がお金です。

「社会から流れ込んできたお金を、自分がせき止め、私物化してはいけない。お金というのは社会のもので、いっとき自分のところを流れているだけなんだよ。だから流れを止めず、お金も社会も人も喜ぶ使い方を考えなさい。自分の手元にあるお金をどうかしこく使うか、そこがこれからどう生きるかの分かれ道になるよ」

土地や不動産の購入も貯金と同じで「使い道」には入らないと、教わりました。

かけがえのない教えだったと、僕は今でも感謝していますし、そのとおりにしようと決めています。

「自分株式会社」を経営しよう

お金さんといいつきあいをしていくためには、バランス感覚が大切です。自分が社会にちいさな貢献をすれば、それなりのお金が入ってきます。大きな貢献ができれば、たくさんのお金が入ってきます。

社会から入ってきたお金を、私物化して貯め込んだり、自分のために使ってしまったりしたら、そこで終わりです。そうではなく、お金さんが喜ぶように、社会に役立つように使えば、もっと大きなお金になって自分のところにもまた流れてきますし、社会全体に行き渡ります。

入ってくるお金と、出ていくお金のバランスを保つことも大切です。あまりお金が入ってきていないのに、考えなしに食べたり遊んだり買い物をしたり、分不相応な使い方をしていると、お金さんに嫌われてしまいます。入ってきたもの以上に出そうなど、最初から無理です。また、いい仕事をして収入が増えたのに、まったく使わずに貯め込むようでは、これまたお金さんが逃げていきます。

バランス感覚を身につけるには、自分を会社だと考えてみるといいでしょう。僕であれば「株式会社松浦弥太郎」という会社を、自分が経営しているつもりになるということです。漠然としたイメージではありましたが、働き始めた十九歳の頃から、僕はこれをやっていました。

おでこがくっつくくらい鏡に近寄ると、自分の顔のバランスはわかりませんが、後ずさりし、少し引いてみれば、右目のほうが左目よりかすかに大きいとか、顔の中でいちばん目立つのは鼻だといった全体像がわかります。少し距離を置くことで、自分を客観視できるのです。

自分を会社にたとえることは、鏡からちょっと離れるのと同様、自分を客観視するひとつの方法であり、お金を私物化しないという意識を保つコツでもあります。

「お金は自分のものではなく会社のもの、そして、社会のもの」

これは簡単な話なのですが、いざ呑み込んで理解するとなるとなかなかむつかしく、僕たちはうっかりすると「自分で稼いだお金は自分のもの。どう使おうと自分の勝手だ」という子どもじみた主張をしてしまいます。

しかし会社であれば、自分のお金ではなくてあたりまえです。自分のお金と思っていれば、資料の本を買うついでにマンガを買っても平気でしょうが、会社のお金だったら、たとえ五百円足らずのマンガでも、自分の娯楽に使えば横領になります。

自分株式会社にはまた、架空であれ社員がいます。社員に説明できないお金を使うなど、社長としてもってのほか。お金の流れも、目的も、計画もクリア。すべてに嘘をつかない。いつもこの原則を守る。お金を私物化しない姿勢を貫きましょう。

自分を会社にたとえると、「どのように社会とかかわっていけばいいのか」と考えやすくなります。成長し、大きく社会貢献するには何が必要か、模索する手がかりとなります。

あなたが会社員でもアルバイトでもフリーランスでも契約社員でも、働いているのであれば、「自分株式会社」の経営者という意識を持ちましょう。実際に絵を描いてもいいし、心の中に思い描いてもいい。「自分株式会社」のビルをつくりましょう。ちいさくても大きくても、思いのまま。看板には、あなたの名前。今まで考えていなかったなら、今日を創立記念日にしましょう。

哲学があれば安心です

自分株式会社を経営すると言っても、むつかしいことではありません。経営理念やヴィジョンを考えるのは、とても楽しいと思います。まず、自分が世の中に対して役立てることは何か、何を追求していくのか、経営理念を考えます。どんな職種でも、すぐに考えられるはずです。

たとえば、海辺に住んでいるおばあさんが早起きして港に出かけ、魚を安い値段で仕入れてくる。それを籠《かご》に入れて出かけて行き、街の人たちに高く売る。こういったシンプルなビジネスモデルもあります。

新鮮な魚が必要だけれど、なかなか手に入らない街の人たちに、「新鮮な魚を手に入れて届ける」という仕事。仕入れ値は安くても、必要な人のところに届ければ、付加価値がついて高くなります。これだけでもおばあさんは、「海辺に住んでいて魚を仕入れられる」という自分にできることを介して、社会に役立っています。

さらに「新鮮な魚によって、街の人たちをもっと健康にするにはどうしたらいいか」を追求すれば、今後どう働くか、新たなアイデアも生まれるでしょう。

誰に何をどう売るかを考えることも大切です。

海辺に住む人たちは、自分が直接魚を釣ったり、港に行って魚を買ったりするから、わざわざおばあさんに売ってほしいとは思わないでしょう。街の人たちだからこそ、高く買ってくれるのです。

しかし、もしもその街に、何人ものおばあさんが籠に魚を入れて売りにきていたらどうでしょう？　いくらおばあさんが頑張っても、なかなか買ってもらえないことは、想像がつきます。人との違いがなければ、価値を提供できないし役に立たない、これも憶《おぼ》えておきたいことのひとつです。

人との違いをはっきりさせ、価値ある存在になるには、自分らしい技術を高めること。

たとえば、暑い夏にも鮮度を落とさない運搬方法を考える。どの魚に栄養があるのか、どの魚が健康にいいのかを勉強し、その魚を売るときには蓄えた知識やおいしい料理法も提供する。これは技術を高め、もっと自分を役立てるということですが、街の人たちを、もっと喜ばせることでもあります。

会社である以上、経費も考えるのは当然のこと。いくら早く届けたいからといって、おばあさんが遠い街にタクシーで乗りつけたら、入ってくるお金と出て行くお金のバランスがとれなくなります。無駄を省くことは、会社経営の原則です。これは、会社の体質そのものがすこやかかどうかを測る目安ともなります。

自分にできることは、なんだろう？
それをどう社会に役立てればいいんだろう？
自分にできることを喜んでくれる人は誰だろう？
他の人とは違う、自分だけの価値を高めるには何をすればいいだろう？
どうしたらもっと人に喜んでもらえるだろう？
自分株式会社は無駄遣いをしていないだろうか？
体質はすこやかだろうか？
暮らしは滞っていないだろうか？
こうした問いかけをしながら、経営していきましょう。

僕の場合、『暮しの手帖』の編集長、ものを書く仕事、書店の経営をしていますが、「株式会社松浦弥太郎」としては、本や雑誌をつくり出したり、そこから新しい価値を見つけ出したりという「自分にできること」によって、人がしあわせを摑むきっかけを作りたい。仕事を通して社会貢献がしたいと考えています。本を通して自分独自のメッセージを発信し、人を喜ばせたい。そのためには、もっともっと勉強しなければと思うのです。

忘れがちだけれど大切なことは、経営哲学です。社としての経営理念とは別に、なぜ個人としての経営哲学が必要かというと、いずれ必ず悩みにぶつかるから。生きていくというのは選択の連続で、「自分株式会社」の経営にしても同様です。「こちらを選ぶか、あちらを選ぶか?」と迷い、悩んだとき、経営哲学に照らし合わせれば答えが見えてくるというのがいいと思います。

ちなみに、「株式会社松浦弥太郎」の経営哲学は、「正直、親切、笑顔、今日もていねいに」。

悩んだときはここに立ち戻ると、迷子にならずにすむのです。

ロビンソン・クルーソーの貸借対照表

どんな会社にもつきものなのが、貸借対照表です。財務知識として専門的な説明をするほど僕も詳しくはありませんが、おおまかに言えば、資産と負債のバランスのこと。自分の持っている資産、抱えている負債（借金）、資産から負債を引いたものを純資産といい、この三つで「自分の財務状況」を明確にした表のことです。一見、資産が少ないようにみえても負債がなく、純資産がプラスであれば、財務バランスは合格。貸借対照表をみれば、その会社の経営が健全かどうかがわかります。

自分株式会社についても、貸借対照表を作ってみる。これは僕の大好きな小説、ダニエル・デフォーの『ロビンソン漂流記』にあるアイデアです。

読んだことがない、あるいは「子どもの頃に読んだけれど忘れてしまった」という人のために、あらすじを紹介しておきましょう。

ロビンソン・クルーソーは、ヨークシャーの裕福な商家に生まれましたが、真面目な両親には似ず、向こう見ずなたち。父が言うような堅実な職業に就く気持ちには、どうしてもなれませんでした。彼は十九歳で家出をし、「外国を見てみたい」という一心で船に乗ってしまいます。

やがて船乗りになるのですが、ある航海で嵐に遭い、海に投げ出されてしまいます。意識を失いかけたものの、必死で泳いで海岸にたどり着きましたが、そこは見知らぬ無人島。彼以外の乗組員は、全員溺死《できし》していました。

岩山の下にテントを張り、魚を釣って食べ、山羊《やぎ》からとった脂でろうそくをつくり、ロビンソン・クルーソーはたった一人で生き抜こうとします。

何よりつらいのは、世界のすべてと隔絶されたという途方もない孤独。そこで彼は、自分を励ますために日記をつけ始めます。

〈私は私の現在の境遇について真剣に考え始めて、それを書いてみた。それは、私の後に来るものに見せるためではなく、そういうものがいるとは思えなかったが、毎日同じことを考え続けて、気を滅入《めい》らせたくないからだった〉

続いて彼が作ったのが、貸借対照表です。

〈そしてその頃は私の理性が私の失意に打ち克《か》つようになり、私はできるだけ私自身を慰めて、私の境遇でいいことと悪いことを比較し、境遇としてはまだ増しなほうであることを明らかにしようとした。私は次のように、帳簿の貸方と借方と同じ形式で、私の生活で楽なことと辛《つら》いこととを並べてみた〉

たとえば悪いことは、〈私は救出される望みもなく、この絶島に漂着した〉で、いいことは〈しかし私は生きていて、船の他の乗組員は全部溺死した〉。

ほかにも、悪いことが〈私は体を蔽《おお》う着物さえもない〉なら、いいことが〈しかし私がいる所は熱帯で、着物などはほとんどいらない〉というように、なんとかして希望を見いだそうという試みが読み取れます。

僕はこの話がとても好きで、こうして自分を励まし、冷静さを失わなかったから、ロビンソン・クルーソーは最終的に島から脱出できたと思うのです。

自分株式会社の経営状態を知るために、「いいこと、悪いこと」を並べて書き出してみてはどうでしょう。ほんとうにつらくて、今にも絶望の淵《ふち》に沈み込んでしまいそうなとき、貸借対照表なんて作るゆとりはないというときこそ、試してみたいアイデアだと思っています。

人生に大変なことは起こるし、どうしようもないマイナス、取り返しのつかない悪いことも降りかかってきます。だからこそ、いいことを見つけたい。ささいなことでいいから、素直な心で発見したい。

悪いことばかり見つめていたら、いいことが見えなくなってしまいます。だから目を背けても背けようがない悪いことは紙に書き出し、その横に必ず、なんとか見つけ出したいいいことを書き添えていくと、視界がひらけます。

これはお金さんとのつきあいでも、自分の心とのつきあいでも同じです。貸借対照表を作ると、新たな視点が見つかります。

引用はいずれもダニエル・デフォー著、吉田健一訳『ロビンソン漂流記』（新潮文庫）

家族でお金の話をたくさんしよう

人間は本質的に一人であり、誰もが孤独であり、誰もが「自分株式会社」の経営者だと認識する。これが僕の基本的な考え方です。

あなたがある会社のアルバイトで、会社には社長や上司がいたとしても、「私は自分株式会社の社長で、勤め先である会社は取引先みたいなもの。自分株式会社は、取引先の会社を通して、社会を相手にビジネスをしている」、そんな意識を持つといいと思うのです。

そして、「家族みんなで会社を経営している」というとらえ方を、家計をともにするメンバーにもしてもらうといいでしょう。

わが家の場合、妻は働いていませんが、株式会社松浦弥太郎の言わば共同経営者です。暮らしの中で必要かつ大切な仕事をしてくれていますし、世の中に対して彼女らしく自分を役立てています。娘はまだ十代なので共同経営者とまではいきませんが、株式会社松浦弥太郎の社員だと思っています。

だからこそ、家族で、お金の話をたくさんしようと思います。

今、うちの会社はどのくらいの規模か。年商はどれだけで、収支のバランスはどうなっているか。隠さず、飾らず、ありのままに、きちんと家族に話しておく。全員が理解していないと、会社がうまくいかないのは明らかです。

誰かは家を買うなどの設備投資をしたいと考えており、誰かは収入が減ってどこを切り詰めるかを考えているという状態では、バランスを崩してあたりまえです。

お金でも、仕事でも、暮らしでも、生きることでも、僕らが真摯《しんし》に向き合えるかどうかは、どれだけ納得できるかどうかにかかわっています。納得できれば気持ちがいいし、多少つらいことがあっても頑張りとおすことができます。

あらゆることに納得を重ねていくことが、ていねいな生き方につながる。それなら、大切なお金のことも、みんなが納得できるようにしておこうではありませんか。おおいに、じっくり、話そうではありませんか。

いくら家族とはいえ、「お金とうまくつきあえていない」と告白するのは勇気がいります。しかし、仕事がうまくいかず収入が減った、投資したつもりがだめになってしまったという「恥ずかしい話」こそ、ありのままに打ち明けなければなりません。

お金さんが大切な友だちであるように、家族はかけがえのない存在です。友だちと行き違ったとしたら、つらいし恥ずかしいし、傷つくこともあります。できれば隠しておきたいけれど、家族に打ち明けてこそ、前に進めます。家族がお金さんとのケンカを仲裁してくれるわけではないけれど、「ちゃんとお金さんとつきあっていこう」と、自分を立て直す力になってくれます。

見方を変えると、うまくいかないことが恥ずかしいと感じるのは、それが自分ひとりのことだと思い、お金さんを私物化しているから。

「僕が失敗したのではなく、株式会社松浦弥太郎の経営がうまくいっていない」

このように客観的にとらえれば、なかなか話しにくい「ダメになった」という話も、さらりとできたりするものです。

また、お金の話を子どもにすることは、大切な教育でもあります。

さっそく今日の食卓で、「お金は友だち」だと話してみてはどうでしょう。

五百円から始めるお金のレッスン

娘にお小遣いをあげるようになったのは、彼女が小学生になったとき。金額は、本人と話し合って決めることにしました。

「これから毎月、自由に使えるお金をあげるよ。いくらほしい？」

僕がこう言うと、娘はちょっと考えてから、「わからないから、友だちに聞いてくる」と答えました。○○ちゃんはいくらで、○子ちゃんはいくら。仲良し何人かに尋ねて決めた額は、五百円でした。

金額が決まり、ちいさい手のひらにぴかぴかの五百円玉を載せてやり、僕はもうひとつ質問をしました。

「この五百円を、何に使う？」

消しゴムだったかノートだったか、娘はたしか、文房具を買うと答えました。そこで僕は、念を押したのです。

「これは、自由に使っていいお金だよ。消しゴムだとかノートだとか、必要なものはお父さんとお母さんが買ってあげる。だからお小遣いでは、必要なものでなくて自分がほしいものを買ってごらん」

必要なものは買い与え、小遣いは完全に自由に使わせる。僕はべつに、甘やかそうとしたのではありません。娘にも、これから一生つきあっていくお金さんについて真剣に考えてほしいと願ったからです。

「ほんとうに必要なもの」と「単純にほしいもの」を、区別できるようになれば、つきあい方も少しずつ、身につくでしょう。

必要なものは僕か妻に買ってほしいと頼み、ほしいものは誰にも断らずに、小遣いの範囲で自由に買っていい。こう言われたからといって、幼い娘がすぐに理解したわけではありません。学校で必要なノートを小遣いで買おうとしたり、逆に、お店で見てほしくなったシールを、妻にねだったりすることもありました。

それでもやがて「今日のバス代は、自分で払う」と主張するような自立心が芽生えてきました。自分が出かけたい場所に行くときは、自分のお金で出かけたい、そんな気持ちだったようです。僕にしても、外出先でたまたま小銭がないとき娘に百円借りたとすれば、忘れずにきっちり返すようにしました。

毎月の五百円は、キャラクターのついた財布に入るささやかなものでしたが、娘が自由を手に入れたのは確かでした。


わかっても、わからなくても、子どもにお金の話をする。これが僕の「お金さんの教え方」です。

わが家の収入、家のローン、光熱費や水道代、娘の習いごとの月謝の額も、彼女が小学校に入ったくらいからすべて伝えていました。十代になった今はともかく、最初のうちは、さっぱりわからないという顔をしていましたが、それでかまわないと思うのです。

「子どもだから」という理由でお金の話をしないのは、「お金は汚い、怖い」という間違った先入観を植え付けることにもつながります。大切なことだからこそ、子どもにでもきちんと伝える。子ども扱いをしない。これは教育すべてに言えるのではないでしょうか。

「先月より今月の水道代が高くなっているから、シャワーを使うときは気をつけようね」などと、できる範囲の注意を促すだけでも、子どもにはおおいに勉強になるはずです。

「子ども扱いしない」という意味で、僕はお駄賃もあげません。家事とはそもそも、家族が協力して無償でやるべきことです。子どもだからと言って、「お手伝いをしたら百円あげる」というのは、お金をもらうという勉強にはならないと感じます。

「お金の教育」と、大上段に構える必要はありません。家族みんなで、気取らず、隠さず、お金についておおいに話す。これだけでずいぶん、役に立つのではないでしょうか。

一年のお金プランはお正月に

一人で暮らしている人も、家族がいる人も同じです。「自分株式会社」もしくは「株式会社○○家」のお金を考えるとき、手始めに一年単位で考えてみましょう。

細かく管理する方法はいろいろありますが、僕の提案は、かなりおおまかなもの。一年のうちにどれだけのお金が入ってきて、一年のうちにどれだけのお金が必要かを、ざっくりと把握するのです。

アルバイトやフリーランスの人より、会社勤めの人のほうがわかりやすいと思いますが、それでも「月収○円」という月単位で考えているケースが多いようです。しかし一年で考えると、全体像が見えてきます。僕は家計簿をつけていませんが、一年のお金プランは必ず立てています。

一年のお金プランを立てるのは、年のはじめ、お正月休みです。

真っ白な紙に、まず自分株式会社の経営理念を書きます。ここで、新しい一年をどう過ごすか、イメージします。

次に、どのくらいのお金が入ってきそうかを書き出します。「このくらい」と自分が思う額より、少なめに。流動的なお金が多いからです。その年の収入がほぼわかっている会社員でも、ボーナスの変動などがあれば、やはり少なめにするのがおすすめです。

次に、どうしても出て行く生活費や固定費を書きます。

それから、やりたいことに必要なお金がどれくらいかを考えて、書いていきます。旅行に行きたければ旅行費を確保する、車が古くて買い替えなければだめだという年には、設備投資としていくら使うか考えます。

突発的なことに備えて、予備費をとっておくことも忘れずに。プランはプランであり、計画どおりに行かないのがあたりまえなのですから。

プランを立てるのは、もちろんお正月ではなく年度末でも夏休みでもよいのです。落ち着いた心持ちでじっくりお金と向きあえる時間を持つことが大切です。

常に意識するのは、入ってくるお金と出て行くお金のバランス。入ってくるお金より出て行くお金をあらかじめ少なくしておけば、「お金がない、困った」という事態には決して陥《おちい》りません。億万長者だろうと、年収百万円の人だろうと、同じことです。入ってくるお金が減ったら、出て行くお金をもっと減らせばいいだけの話です。

たとえ世界一周旅行をしたいとしても、入ってくるお金から考えて無理な金額ならあきらめます。「いつかのお楽しみにとっておいて、今年は分相応な温泉にしておこう」、あるいは「二十年後に行くために積み立てておこう」という具合です。

一年間で出て行くお金を把握するために、前の年にどうお金を使ったかも、お正月にさっと見直します。僕はちょこちょこＡＴＭを利用することはせず、必要なお金を月のはじめにまとめて引き出すことにしています。その際、「○○の費用」というように通帳に書き込んでおけば、家計簿がわりになり、便利です。

領収書やレシートもとっておきますが、確定申告のためばかりではありません。自分が、何に、どのくらいお金を使っているかをはっきりさせたいのです。

管理法はいろいろなやり方があるでしょうが、僕は「交通費」「書籍代」「飲食費」などと書いた大きめの茶封筒を壁にぶらさげておいて、レシートを放り込んでいくだけ。うっかりレシートをもらい忘れたときは「書籍代　○○円」などと書いたメモ用紙で代用します。慣れてくると案外、楽しいものです。

お金の出入りをうまく整えられるようになると、お金が全然減らなくなります。お金さんに好かれて、友だちがたくさんできます。そんなときは貯め込まず、真剣にどう使うかを考えます。これについて詳しくは、次の章で書きましょう。

いい使い方なら、お金さんが友だちを連れてきてくれますし、単なるマネーゲームのような使い方だと、愛想を尽かして逃げていきます。投資とは財テクや運用ではなく、社会にどう役立てる使い方をするかではないでしょうか。

収支のバランスが少し崩れているかな、という経験は僕にもありますが、たいてい使いすぎているときでした。解決法はたったひとつ、生活を変えること。

食費や光熱費を切り詰めたこともありますし、家賃が安い家に引っ越したこともあります。人は慣れ親しんだものに執着しますし、環境を変えるのは勇気がいりますが、これができないと、お金さんと友だちにはなれません。

いいときも悪いときもあって当然。どちらも一生続くわけではありません。どんなときも、自分の状況を知って適切に対処していけば、不安に支配されずにすみます。

「勤《きん》ちゃん」と「務《つとむ》くん」

「自分株式会社」に入ってくるお金と、出て行くお金を考えるとき、社会と自分とのプラスマイナスも考えてみましょう。

自分が社会に役立ち、貢献したことがプラス。

自分が社会に助けてもらったことがマイナス。

社会に貢献して入ってくるお金の大部分は、仕事による収入です。

社会に助けてもらったお金というのは、使ったお金です。バスに乗るだけでも、移動を助けてもらったぶんのお金を払っています。ものすごく助けてもらっている人はたくさん使っているはずで、借金もここに含まれます。

プラスとマイナスがまったく同じで差し引きゼロでは、お金さんと友だちにはなれません。助けてもらうことより、貢献することのほうが多いというのが正しいバランス。理想的には、プラスのほうがずっと多くて、手元に残ったぶんを正しく使い、さらなる貢献をして、社会に循環させていきたいものです。

社会と自分の仕事のプラスマイナスを考えること。

ここから、働き方や仕事の本質も見えてくると僕は感じています。自分から与えなければ、入ってくるものなど何ひとつないというルールがわかってきます。

たとえば「もっと給料を上げてもらいたい」「景気が悪くてチャンスが巡ってこない」といった意識を持つと、「社会に助けてもらいたい」というマイナスを増やしてしまいます。「私はやる気があるのに評価してもらえない」と不平不満を抱くことは、自分株式会社が社会に役立つこと、貢献できることは何かを模索するというプラスの行為とは相反するものです。

もし仕事がほしいなら、給料を上げてもらいたいなら、チャンスがほしいなら、評価してもらいたいなら、自分から先に差し出しましょう。考え、勉強し、努力し、人間性を磨いて、社会と深くかかわれば、自然に評価はついてきます。

「たくさんお金をくれるなら、一所懸命に働きますよ」

「私を認めてくれるなら、頑張ります」

こんな条件付きの努力を、貢献とは言いません。うまくいくという保証をもらってから行動しようとする人を、応援してくれる人などいないでしょう。

仕事をすることを「勤務する」と言います。僕がふと気づいたのは、「仕事とは社会に貢献することだけれど、貢献には二種類あるのではないか？」ということ。

ひとつの貢献は、「勤めること」。社会に対して自分の能力や経験を役立てて貢献し、報酬を得ることです。絵を描くことが上手な人が絵を描き、見る人を幸せにすることでお金をもらい、野菜づくりのベテランがいい野菜をつくり、食べる人をすこやかにすることでお金をもらうという類いの貢献です。

もうひとつの貢献は、「務めること」。こちらも社会に対する貢献ですが、お金という観点で言えば無償です。生きていくうえでの自分の務め、すなわち自分の使命を果たすという大きな貢献をするのが、「務めること」だと思います。

自分にとっての「務めること」とはなんだろう？　この問いは、大きな災害が起きたとき「自分にできることは何か？」と考えることにも通じます。被害に遭った人のためにボランティアをするというのは、無償であっても「勤めること」。そうではない「務めること」は何か、自分が個として果たせることは何かを考えることです。

「務めること」について考えるととてもむつかしく、「いったい、何の役に立つんだろう？」と、無力感でいっぱいになります。僕にしたところでまだまだ、考えている途中です。しかし、生きていく拠《よ》り所となるのは「務めること」。自分の務めとは何かを考えることが、生きることなのかもしれません。

仕事をするときは、自分株式会社の社員が二人いるとイメージしてみましょう。

一人はよく働き、きちんと成果を上げる「勤《きん》ちゃん」。売上げの七割は勤ちゃんによるもので、しっかり勉強して彼の能力や経験を磨けば、さらに伸びていきます。それにつれてお金もたくさん入ってきます。

こんな勤ちゃんにも弱点はあり、それは真面目すぎること。一心不乱に前を見て、毎日毎日頑張りますが、立ち止まってあたりを見回すゆとりがありません。

もう一人は、考え深くてじっくりした性格だけれど、さほど行動的ではなく、売上げの三割ほどしか働いていない「務《つとむ》くん」。彼の能力が何かは、まだわかっていません。どうしたらいいのかわからなくて、立ち止まってしまうこともしばしばです。

そんな務くんにも強みはあり、それは誠実であること。大きな視点で物事をとらえられること。自分と社会について思いをめぐらすこともできます。

あなたが自分株式会社の社長である以上、勤ちゃんと務くんという、二人の社員を大切にしなければなりません。

両方が揃って大活躍することはないでしょう。しかし、忙しすぎる勤ちゃんが寝込んだときはじっくり派の務くんが助けてくれるといった、いいコンビに育てていきましょう。年齢を重ねれば、勤ちゃんの売上げを務くんが上回ることもあるはずです。

仮に、実生活であなたが働いている会社が倒産し、勤ちゃんの出番がなくなったとしたら、務くんが活躍するチャンスかもしれません。どちらかが働いていれば、仮に職を失おうと、「あなたという会社」はちゃんとまわっていくのですから。

いちばん怖いのは、勤ちゃんでも務くんでもない、のっぺらぼうの社員が増えていくこと。「〜してほしい」と不平ばかり言い、お金をほしがり、何も生み出さない社員が増えた自分株式会社は、お金さんにも嫌われて倒産してしまいます。自分から与えることを知らないのっぺらぼう社員には、さっさと辞めてもらうに限ります。

お金さんと時間さんは仲良し

「お金を大切にしていますか？」という質問は、「時間を大切にしていますか？」という質問とイコールだと考えています。

たとえば、お金を大切にしている人は時間を大切にしているし、お金を上手に使っている人は、時間の使い方も上手です。

僕がこの考えを持ったのは、たいそう資産を持つ知人に、お金持ちについての話を聞いたことがきっかけでした。その人は、お金持ちをたくさん知っているので共通点を教えてくれたのですが、そのひとつがテレビを見ないこと。

テレビというのはいつの間にかだらだら見てしまい、時間の無駄遣いにつながります。自分の頭で考えなくなってしまいます。テレビを見る時間があれば、物事を考えることに使いたい。それがお金持ちの共通点のひとつでした。

同じ理由で、お金持ちはネットサーフィンやゲームもやらないそうです。必要な道具としてパソコンなどのコンピュータ機器は持っていますが、それはただの道具。自分が支配されるような使い方は、決してしないと言います。

そして、僕が見ていても、お金持ちはみんな早寝早起きです。夜十時には寝てしまい、朝刊が届くのを待っている人もいるほどです。日中とても忙しいうえに、判断したり考えたりしなければいけないことがたくさんある。だからそうやって時間を有効に使い、体をメンテナンスしているのでしょう。

それに引き換え、「時間がない」「忙しい」と言っていながら、時間を無駄に使っている人が、なんと多いことでしょう。僕にしても同じです。

そんなとき自分をいさめる意味で、いつも思い出す言葉があります。

〈われわれはわずかな時間しか持っていないのではなく、実はその多くを浪費しているのである。人生は十分に長く、その全体が有効に費やされるならば、最も偉大なことも成しとげられるほどに豊富に与えられているものだ〉

ローマ帝国の哲学者セネカが、『人生の短さについて』と題して述べた言葉です。

時間さんと仲良くするには、セネカの言葉を肝に銘じて、時間を浪費しないこと。そして、約束を守ること。たとえば、「○時に待ち合わせ」となったら時間どおりに行く。締め切りや支払い期限はきっちり守る。時間の約束を誠実に守るだけで、時間さんに好かれるし、信用という自分の財産が知らぬ間にたまっていきます。

勤ちゃんと務くんの働くバランスを考えることは、お金と時間のバランスを考えることにもつながります。

勤ちゃんは働き者でコンスタントにお金を稼ぐことができます。そのぶん時間がなくて、先のことを考えるゆとりを持てないことが多いようです。

いっぽうの務くんは、あまり働かないぶん、たっぷり時間があります。しあわせとは何か、世の中で自分が果たすべき役割は何か、思考する力を持つのは務くんです。

自分株式会社の社長たるあなたは、勤ちゃんと務くんという二人の社員を大切にすると同時に、「お金さん」「時間さん」という二人の友だちともうまくつきあっていかねばなりません。

お金さんは夢を叶《かな》えようというとき、力になってくれる頼もしい友だちです。しかし、時間さんがいなければ、夢を味わう時間が持てません。そもそも時間さんとつきあわないままで忙しくしていたら、夢を持つことすらできなくなります。

お金さんと時間さん、双方と仲良くつきあうことがいかに大切か、僕に改めて気づかせてくれたのは、友人でもある料理人でした。

彼はすこぶる熱心な働き者で、勉強も怠らないから料理の評判も良く、お客さまが絶えない日々が続いていました。傍目《はため》からは万事が順調で、活躍ぶりをうらやむ人もいたことでしょう。

しかし彼はあるとき、こう言ったのです。

「ここ数年、働きすぎたから、自分の勉強のために一年間、休もうと思う」

すごい人だな、と思いました。自分株式会社の社長として、勤ちゃんに休暇を取らせて、その時期は務くんに働いてもらおうというのです。僕が述べてきた理想どおりのやり方ですが、こんなに潔くできる人は、なかなかいません。

しかしもっと驚いたのは、彼が言い添えたこの言葉。

「だから、引っ越すことにした。収入はがくんと落ちるだろうから、家賃が今の半分くらいのところに移るよ」

一年休むというのは正しい判断力と、潔い行動力、冷静な覚悟。収入に合わせて生活を変えるというのはあたりまえの話ですが、簡単にはできないことです。一年が過ぎたとき、勇気ある彼がもっといい料理人になっていることは、間違いないでしょう。

仕事がうまくいかないとき、すべてが思うようにいかないとき、過ちを犯してつまずいてしまったとき、状況を打破するために必要なのは勇気だと思います。

勇気を手に入れる唯一の方法は、健康です。

若ければ、週に一日しか休まず、一日十二時間フルに働いてもなんとかなります。しかしこれをずっと続けたら、いずれ体を壊してしまうでしょう。

「会社が休めない雰囲気だ」とか「みんなが残業していると帰りづらい」という人がいますが、決められた時間内に仕事を終え、きちんと休むことも、時間さんと仲良くする方法です。そのためには、まわりに合わせないという勇気もいります。

フランス菓子「オーボンヴュータン」のオーナーパティシエ・河田勝彦《かわたかつひこ》さんを取材したとき、こんなことを伺いました。

お菓子の世界は、朝早くから夜中まで仕事をするのが普通とされますが、河田さんは、「意味がわからない」とおっしゃっていました。仕事をそこまでしてやらなきゃいけない理由がわからないし、その仕事が好きで続けていきたいならなおさら、無理をして働く意味がわからないと。

一日中、河田さんの仕事ぶりを見学させていただいて、「意味がわからない」という言葉が腑《ふ》に落ちました。最高のお菓子をつくるために、河田さんは心と体と頭を総動員しています。こんなに集中していたら、長時間やるのはどうやったって無理だとわかったのです。

早く帰ってリセットしたり、ちゃんと休んで気持ちを切り替えたりしてこそ、一流の仕事が長きにわたって続けられるのでしょう。

お金さんと時間さんも、タイプは違うけれど、根本には共通点を持つ親友としてつきあいたい、僕はそう思っています。自分の暮らしをすこやかに循環させるべく助けてくれる親友です。そのためにも、健康に気をつけ、勇気がわく体を維持しようとしています。だから勇気を持って、ときどき休むことにしています。

農夫のように育てる

便利な道具やかしこい方法というのはたくさんあって、今まで二時間かけてつくっていた肉じゃがを、十分足らずで完成させる調理法もあります。

「なんて画期的なんだろう！　時間の節約になる」

喜ぶ人は多いし、必要とされているから生み出されるのかもしれませんが、ほんとうにいいことずくめなのでしょうか？　僕はそうは思いません。

すべての物事には、本来必要な時間があります。プロセスを経て生み出されたものと、省略して生み出されたものには歴然とした違いがあり、どんな文明も越えられないものではないかと感じます。

もちろん、十分足らずで作った肉じゃがだっておいしい。ファストフード店のハンバーガーも、コンビニエンスストアで売られているおにぎりも、食べている間は、おいしい。

でも、食べ終えて「え〜っと、今日のお昼は何を食べたんだっけ?」と思い出したとき、「十分で作った肉じゃが、ほんとうにおいしかったなあ」とか、「コンビニのおにぎりは、しみじみとおいしい昼ごはんだった」とは、なかなか感じられないと思うのです。

必要な時間をかけないものは、決して後には残らない。料理というのは、食べている間だけでなく食べ終えたあと「おいしかった」と思えて初めて、おいしい料理になります。

手作りのおべんとうがおいしいのは、ごちそうだからではありません。早起きしてごはんを炊き、卵焼きを作り、ほうれん草のゴマ和《あ》えを作って添えるという「手間ひま」が、おいしさを作り出しています。食べ終えて蓋をしたあと、たとえ一人でいても「ごちそうさま」と声が出るのは、プロセスへの感謝でもあります。

仕事もこれとよく似ています。効率のいいやり方、ちいさな努力で大きな成果が出るやり方は無数にあふれていますが、その「大きな成果」は一時的なもの。正しい手順を省略して得たお金は、すぐに消えてしまいます。

急いで入ってくるお金は、決まって急いで出て行くもの。人を押しのけたり踏みつけにしたりして手っ取り早く稼ぐやり方も確かにありますが、それでお金さんと友情を築けるわけがないのです。

「農夫であれ」

僕の恩師が教えてくれた言葉です。

種を選び、土を耕し、種を蒔《ま》き、芽が出るのを待つ。水をやり、肥料をやり、葉っぱが出るのを待つ。日が照るのを待ち、雨が降り注ぐのを待ち、実がなるのを待つ。

どんな仕事であれ、農夫のごとく働きなさい。どこかに生えているものを穫《と》ってくるのではなく、自分で土を耕して準備をし、自分で種を蒔きなさい。一息に収穫しようと焦らず、時が熟すのを待ちなさい。

恩師の言葉はおそらく、こんな教えだと思います。

実りのひとつがお金であれば、農夫のごとく自分で育てたいと僕は思います。猟師であれば、駆けていって獣を撃てば収獲となるのでしょうが、それは命を奪うこと。自分より弱い誰かの命を奪って何かを得れば、いつの日か自分よりもっと強い人に、自分の命を奪われるサイクルに組み込まれてしまうことでしょう。

株や相場でお金を得るというのは言わば「狩人《かりゅうど》の手法」であり、そうして得たお金とは、友だちになれない気がします。

だから僕は、ていねいに畑を耕す、農夫でいたいのです。実りは収穫物であると同時に、次の実りをもたらしてくれる種。お金という実がなったら、「大喜びしておしまい」ではなく、そのお金で次の種蒔きをするサイクルを作りたいと願っています。


農夫であるとは、単純に時間をかけるということではありません。どんな手順が正しいかを、自ら研究し試行錯誤することでもあります。

僕らは皆「自分株式会社」を営む農夫なのですから、やり方を教えてくれる人はいません。自分の畑に合ったやり方は、自分で見つけ出すしかないのです。

持てる好奇心のありったけを「やり方を知ること」に注ぎ込む。安易に人に聞かない、インターネットに頼らない、ほんとうに苦労して、苦労して、ようやく手に入れる。それには「まずは自分で考える」というプロセスが欠かせません。

時間をかけて吸収したやり方は知恵となり、一生ものの宝になります。だからこそ焦らずに、農夫の姿勢で取り組もうではありませんか。

年代にふさわしいお金プランを

仕事の本質は準備である、僕はそう思っています。

準備をするとは、言葉をかえれば先手を打つこと。お金のことでもやるべきことでも、追いかけるのではなく、あらかじめ準備しておく。このように先手を打つには時間についてよく考えることと、想像力を駆使することが肝心です。

一日という時間をどう使うかも、あらかじめ考えておきます。これだけ寝て、これだけ働いて、これだけ勉強する。きちんと準備しておけば、慌てることもないし、無駄な時間を過ごすこともなくなります。「何をやっていたかよくわからない日」なんてものは存在しなくなるのです。

一ヵ月、一年間については、時間とお金の使い方についてプランを立てます。

自分株式会社について、人生という長いスパンでお金プランを立てることも、バランス感覚を養うおおいなる助けとなります。常に先手を打てるようになりますし、準備もできます。時間を取って、考えてみるといいでしょう。

年齢というのはあくまでひとつの目安ですが、その歳にしかできないことも、その歳だからできることもあります。焦っても一年で五歳も歳を取れるわけがないし、お金があっても若返ることは無理な話です。

お金が友だちである以上、一生のつきあいですから、その年代にふさわしいつきあい方をイメージしましょう。十年単位くらいのゆっくりしたプランがいいと思います。

ただし、「○歳までに年収はいくら、貯金はいくら」という目標設定は考えなくてもいいと思います。人それぞれペースがありますし、妙な自己規制につながってしまいます。「どのようにお金さんとつきあうか」という観点でプランを立てましょう。

二十代は、自分に投資をする時期です。お金を貯めるのではなく、使うほうがいいでしょう。好き放題に使っていいというわけではありません。経験したり学んだり、常に投資することです。二十代で分不相応なものを買っても、あまり意味がないと思います。高級ブランドを持っていても本物に見えませんし、本物に見えたところですてきな姿にはなりません。二十代は試行錯誤しながら、自分の中にどんな種を蒔けば芽が出るのか考えることが重要だと思います。

種はひとつとは限りませんから、選び方を学ぶことも大切です。トライアンドエラーができるのも、二十代の特権。ちなみに僕の場合は、いっさい貯金をしませんでした。

三十代は、二十代でいくつか蒔いた種のうち、出てきた芽を一所懸命に育てる時期。同時に、新しい種蒔きも続けます。「蒔きながら育てる時期」という表現がぴったりくるでしょう。

二十代の種蒔きは、いささか闇雲《やみくも》な感じもありますが、三十代ではある程度、的が絞られてきます。実力もついてきますから、思いつきを行動に移し、がむしゃらにやれる時期です。怖がることはありません。三十代は、まだ失敗が許される年頃であり、何かあっても会社が責任をとってくれたりもします。いっぱい失敗し、いっぱい種を蒔き、同時に細やかな心配りで種を育てていきましょう。お金は出て行くことが多いでしょうが、使う時期だと思えば怖くありません。

お金を使うという意味で二十代と三十代の違いを挙げれば、二十代は自分を飾ることにお金を使い、三十代は自分を磨くことにお金を使う点です。

自分に何が似合うのか。二十代においては「飾る」ことの良し悪《あ》しを知ることも大切な経験です。お金さんと引き換えに手に入れる自分磨きの道具には、何を選べばいいのかを考える。自分は何が得意で何が苦手かを考え、道具を選べるのも三十代になってからでしょう。

三十代はまた、男性も女性も結婚する人が多い時期ですが、結婚によって自由が減る、お金がなくなるというのは誤解です。家族という存在が目に見えないエネルギーや栄養となり、いっそう個としての能力が発揮できます。

「お父さんがお金を稼いで、お母さんが家事」という価値観は過去のものであり、今は共働きの家庭が大部分だと思います。お父さんが家にいて、お母さんが会社に行くという家庭もあるでしょう。すなわち男女を問わず、家族の力を得て働くことを学ぶのも、三十代だということです。

四十代はようやく、初めての収穫を経験する時期だと思います。二十代で蒔き、三十代で必死に育てた種のうち、ひとつふたつは実ります。おそらく「お金を殖やす、収入を増やす」という意識を持つのも四十代でしょう。

歳を取るにつれて、出ていくお金はおのずと増えていきます。先細りすることがないように、四十代で自分のスケールを大きくしておくといいでしょう。

収入が増える仕組みを作るのは、自分自身の仕事です。会社員であっても、人任せにしてはいけません。自分の価値を高めれば、会社も世の中もきちんと評価してくれます。もしも四十代で評価されていないのなら、自分株式会社を改めて点検し、分析することも大切です。原因は絶対にあるし、原因がわかれば改善方法は簡単に見つかります。むしろ改善しようと覚悟を決め、実行するかしないかでその後が変わってくると言えます。

さらに四十代では、入ってきたお金を使って、もう一度新しい種を仕入れましょう。この先、さらに実りを得るための投資です。

二十代、三十代と違うところは、自分株式会社を健全な財務体質にするためにも、先行きで何か起きたときの備えとしても、ある程度の蓄えも作ったほうがいいということ。「貯金を殖やしていく」という意識ではなく、救急箱を用意しておくような意識を持って蓄えましょう。万が一に備えて、救急箱に包帯も頭痛薬も風邪薬も、一通り用意しておく、というイメージです。社会的に見ても四十代は働き盛り。やることはたくさんあります。

五十代は、これまで蒔いた種が次々と実り、コンスタントに収穫できるようになっています。「収穫、種蒔き、水やり、収穫、種蒔き、水やり」というサイクルが完成し、常にお金が入っている状況です。お金さんとも友だちになっていますし、新しいチャレンジがたくさんできます。

僕はまだ四十代なので、六十代については個人的なヴィジョンとして考えているだけですが、貢献の時期だと思っています。自然に収穫できるようになった実りを、社会に還元していきたい。自分の畑を誰かに譲り、手放してもいいと思います。

そもそも畑は個人の持ち物ではなく、「自分株式会社」のものなのですから、社長としての自分は引退するということです。私物化せずに生きてきたなら、未練もないでしょう。これは現役を退くことではなく、身軽になって新たな挑戦ができるチャンスだと思います。六十代でいったんゼロ設定をするというのが理想です。

僕の尊敬するお金持ちが言うには、六十代まで夢を抱き、努力することを継続していれば、自分の欲望はすべて満たされるそうです。

「夢は叶うし、ほしいものは手に入るし、『もう、何もいらない』という状況になるよ。だから貢献できるんだ。ただし、人生のどの時期かでお金を私物化すると人間が変わってしまうから、六十歳になっても百歳になっても欲望は消えない。お金がもっとほしくなる。それなのにお金には嫌われるから、結局は不幸な暮らしになってしまう」

夢が叶うと信じて、お金を私物化せず、自分の種を育て続けること。これが六十代まで一貫して忘れてはいけない姿勢ということでしょう。

七十代については、資産家やある程度成功した人たちは皆、同じことを言っていました。「二十代に戻りたい。全部手放して一から再スタートし、また勉強がしたいんだ」と。

お金もそうですが、仕事も知恵も人脈も、多くのものを手にしたら、それらを維持し、つきあうための気力や体力が必要です。老いてきたのに無理をして多くのものを持っていたら、自分が築いた宝物の重さに潰《つぶ》されてしまう、だから手放したいということでした。老いて病気になる人は、いつまでも宝物にしがみつき、へとへとになってしまうのかもしれません。

僕もまだまだ道の途中で、先行きのことは想像にすぎません。それでも、十年単位でイメージするだけでも、お金と時間への意識が高まると感じています。

焦らずに一歩一歩

人生のお金プランとは、あくまで自分が主体の計画表です。人と比べたり、「普通はどうか？」と気をもんだりするのは間違いだと理解しておきましょう。

たとえ話をすれば、車を運転しているとき、いきなり割り込まれたり、後ろから来た車にパッと抜かれたりすることがあります。

あなたはカチンとくるでしょうか？

抜き返してやろうと、アクセルを踏みますか？

「そんなカリカリした態度で運転なんかしませんよ」という人もいれば、「ええ、一瞬イラッとします」と答える人もいます。

しかしどちらの人も、ほんとうはばかばかしいとわかっているはずです。

相手の車とは目的地も違うし、スタートした場所も、時間も違うということを知るべきです。家族で海に出かける車も、大急ぎで品物を届ける車も、のんびりドライブデートを楽しむ車も、たまたま一瞬、同じ道を走っているだけです。それなのに、どちらが瞬間的に先に行ったかどうかに反応するなど、なんら意味がないことです。


働くことやお金についても同じ話となるわけですが、人間は弱いものだから、頭でわかっていても、競争心に振り回されてしまうことがあります。

人生の道を歩いていると、自分よりずっと前を歩いている人はたくさんいます。

「私よりあの人のほうがはるかに優れているようだ、運がいいようだ」

嫉妬とまではいかなくても、そんな感情を抱いたことが、僕にもあります。しかし、こうした気持ちは、気づいた時点でさっさと捨ててしまうに限ります。

人と比べないこと。成功している相手をうらやむのではなく、尊敬すること。その人に対して「いいなあ」と思う気持ちを、「よかったね」と祝福する気持ちにかえること。競争心、嫉妬心、うらやむ心を無理やり押し殺す必要はありませんが、支配されてはいけません。

「ああ、僕はこの人のこういうところがうらやましいんだ。だったらこんな目標を持とう」と、自分自身にエネルギーを振り向けていきましょう。

人はみんな違っていて、ゴールもみんな違います。歩くペースも違うし、歩幅もリズムも違います。それなのに人と比べてしまうのは、自分が不安を抱えていたり、自信をなくしたりしているというあらわれです。落ち込んでいると自分を客観視できなくなり、ちゃんと持っていたはずの「自分のものさし」をなくしているから、他の人にばかり目がいってしまうのです。

年齢も、たしかなものさしとは言えません。

「私と同世代の人は、もっと仕事で成功している」

「自分より年下なのに、お金をたくさん持っていそうだ」

人生のお金プランについて年代別に書きましたが、年齢というのはあくまで目安に過ぎません。姿かたち、物理的には四十歳だけれど、実質的にはまだ十歳ということだってあるのです。成長のペースは一人一人違うのだから、自分がまだ十歳なら、十一歳を目指せばいい。一足飛びに四十歳になったら、二十代や三十代をたっぷりと堪能《たんのう》できなくなってしまい、つまらないではありませんか。

長距離ランナー型の人が、短距離ランナー型の人の真似《まね》をしたら、体を壊してしまいます。だから人と比べるのをやめて、自分をじっくり見つめましょう。「今の自分が、世の中で喜んでもらえるものは何か」を探すこと。探したら脇目《わきめ》も振らずに、ていねいにそれをやり遂げること。これが正しい「務くんとしての働き方」だと思います。

階段は、一段一段あがるしかありません。もしかしたら、二段飛ばしはできるのかもしれませんが、十段飛ばしなど不可能です。今、自分が階段のどこにいるのか？　知っておきたいのはこれだけで、他の誰かがどこにいるかは関係のない話です。

比べることがこうじると、焦ってしまう人もいます。しかし、忍耐するしかないときは、誰にでもあります。

一般的には、なんでも七年周期だと言われています。仕事も人間関係も学びも、七年でだいたいのことがわかります。また、一生続けるような長い営みであれば、「七年目は節目の年」ということも多いようです。

節目は中だるみもするし、たいてい苦しいものですが、ここを乗り切れば大丈夫。忍耐するしかないときもあると知っておけば、やり過ごせると思います。

III

お金の愛し方

財布には知恵と想像力を

誠実に、正直に、勉強あるのみ

前の章で、お金さんともっと仲良くする方法はふたつあると書きました。

ひとつ目は、自分の収入を上げる努力をすること。それには、自分株式会社の社長になったつもりでどう経営するかを考え、お金を私物化せず、勤ちゃんと務くんという二人の社員にバランスよく働いてもらうことです。

お金さんと仲良くする方法のふたつ目は、「どう使うか」を考えることです。お金を貯めることは私物化する行為。私物化とは相手を独占し、自由を奪うことですから、ほんとうの仲良しにしてはいけません。したがって、お金さんと友だちになる方法は使うことしかないとなるのですが、これがなかなか難題です。

お金さんが喜ぶ使い方というのは、一朝一夕では身につきません。実を言えば、お金持ちになるのは簡単で、そのときお金さんとどうつきあうか、こちらのほうがはるかにむつかしいのです。

お金持ちというのは、「気楽な身分」ではありません。お金持ちになったなら、お金をどう使えばいいいか、本気で勉強しなければいけないのですから。

一人二人しか友だちがいなければ、なんとなく普通に暮らしている範囲での知識や経験をもとに、うまくつきあっていけるでしょう。

しかし、交友関係が広がり、つきあう友だちが増えてくると、そういうわけにはいきません。人間関係が複雑になってくるし、いつもみんなに対して誠実であるにはどうあれば良いかといったことを、考え込む場面も出てくるでしょう。

ケンカをすることもあるでしょうし、悪気のない行き違いがかなしい別れをもたらすこともあります。「あんなにたくさんいたはずの友だちが、気がつけばみんな去っていった」ということもあります。

ぱたりと新しい友だちができなくなり、このところ成長できていないと感じることもあるでしょう。

そんなときはたいてい、相手に問題があるのではなく、自分に原因があります。友だちが去っていく、お金が減っていく。もし、そんな事態に陥ったのなら、相手を責めず、わが身を省みるしか解決策はないのです。

わが身を省みると、勉強するしかないことがわかります。足りないことがたくさん見つかり、知りたいことが次々出てきて、本気で学ぼうとするのです。そこから、人と真摯にかかわるには、どうすればよいかを知ろうと努力する営みが始まります。

人であれお金さんであれ、友だちと真摯にかかわり、喜ばせ、できる限り誠実であるにはどうすればよいか、素直な気持ちを持って勉強していきましょう。

僕の場合は、「正直、親切、笑顔、今日もていねいに」を胸に抱きながら、お金さんを使うことを、勉強しています。本を読んだり、人に聞いたり。もちろん、自分自身でじっくりと考えるのも勉強です。

人のために使うほどお金は喜ぶ

「お金が自分のところに留《とど》まっていると、怖い」

これはお金持ちの知人に聞いた言葉です。

お金さんという友だちが増えれば増えるほど、自分の手元には、わずかな額があればいいと考えるようになるようです。

「正しく善き使い方を知り、実行することが、お金持ちの仕事」

僕の知っている資産家は、たいていそう思っているようです。おそらく、大勢のお金さんと深い友だちづきあいをした経験から、それこそいちばんお金さんが喜び、お金さんに好かれる姿勢だと学んだのではないでしょうか。


僕の知人に、ＩＴ系の企業で成功した人がいます。アメリカ在住で、年収は日本円で言えば億に届き、その企業のトップに近いポジションでした。

そのぶん凄《すさ》まじい激務で、早朝から出社し、帰宅するのは日付が変わる頃。ようやく家族と顔を合わせても、口もきけないほど疲れ果てていて「悪いけれど一人にさせてほしい」と頼むほどだったそうです。

あるとき彼は、「こんな人生は、まずい」と感じて、会社をすぱっと辞めました。家族との時間を取り戻したいと言い、一家で帰国したのです。

「年収一億だったら貯金があって、余裕で辞められるでしょう」と思う人もいるかもしれませんが、お金を絶えず稼ぎ続けていた人にとって、稼ぐのをやめるというのは、怖いことです。不安でやめられない人がほとんどですし、いわゆる資産運用に精を出す人もいます。

ところが彼は、ひと味違うお金の使い方をしました。

「ずっと前から、フランス語を習いたかった」と、個人レッスンを受け始めたのです。かなり集中し、熱心に取り組んだので、いつのまにかぺらぺらになりました。日本語、英語にくわえてフランス語を話せるようになったのですから、彼の財産はさらに増えたことになります。

会社にいた頃は働き過ぎで運動する時間もなかったので、「健康を取り戻す」と決めて、自宅に毎日パーソナルトレーナーを呼ぶことにもしました。健康は、何より貴重な財産ですし、健康であれば勇気が出るし、あらゆることに意欲がわきます。

家族との時間ができ、自宅でゆっくり食事をするようになった彼は、近所においしい蕎麦《そば》屋がないことに気づきます。そこで一念発起して蕎麦打ちを習い、自分らしさも付け加えて、お店を始めました。新たな仕事が、思いがけないかたちで見つかったのです。近所の人たちはおいしい蕎麦を気軽に食べられるようになり、人を喜ばせることにつながりました。

彼はすっかりリフレッシュし、今では若い人にビジネスについて教えたりもして、与えることばかりを意欲的にしています。その結果、またお金が入ってきて、お金は減るどころか増えています。お金以外の財産も含めたら、相当なものです。

彼を見ていると、お金さんという友だちは、使えば使うほど喜ぶことがよくわかります。使わずに貯め込んでいたら、彼はおそらく別の人生を歩んでいたでしょう。

ただ使うのではなく、自己投資と、人に役立つことにお金を使う。スケールは違っても、僕も同じようにしていきたいと感じます。

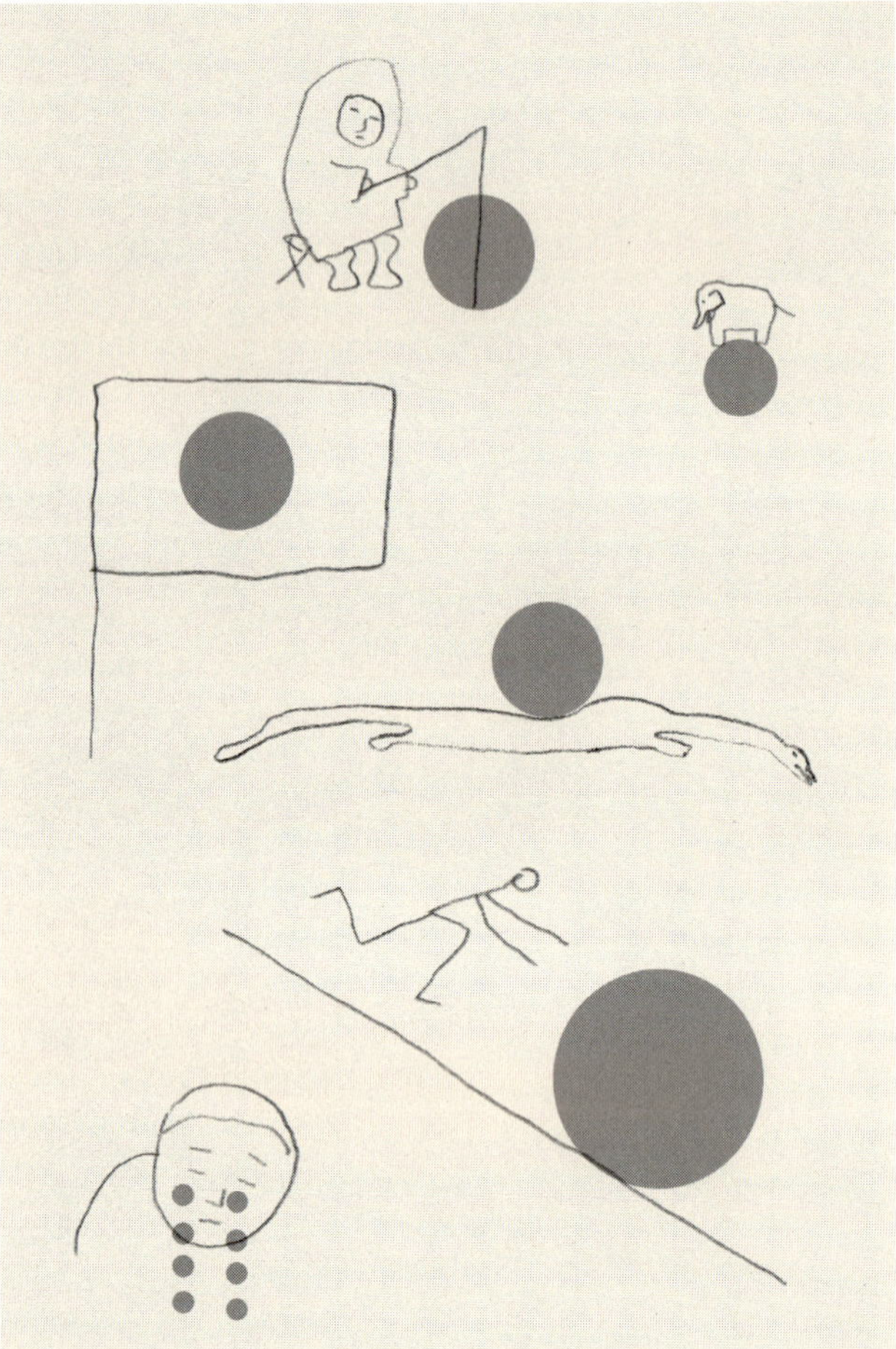

想像力でお金を分配しよう

お金さんを喜ばせるには、使うことが大切です。そのときはたとえ十秒でもいいから立ち止まり、「この使い方をして、お金さんは喜んでくれるだろうか?」と考えるといいでしょう。百円のお菓子でも百万円の絵画でも、「これを買おう」と思ったら、同じように立ち止まります。

立ち止まるもうひとつの方法は、「お金さんと引き換えに手に入れたものを、実際に使っている自分」をゆっくりとイメージすることです。

すこし前、長いこと乗っていた国産車が、買い替えどきを迎えました。毎日のように使うものですから、僕もあれこれ考えました。

性能やデザインを見たら、ベンツはすてきです。ちょっと無理をして買う気になれば、買えないことはありません。何しろ今はカードもあるし、簡単にローンも組める時代です。仮に自分の年収と同じくらいするような高額の品だって、誰でも買えてしまう世の中です。

しかし僕の場合、「ベンツに乗った自分」をイメージしてみると、どうにも居心地が悪く、恥ずかしいのです。すてきな車だけれど、自分には似合わない。その時点でベンツは選択肢からぱっと外れます。しかし、こうしてイメージするひと手間を惜しむと、お金さんが喜ばない使い方をしてしまうでしょう。憧《あこが》れ、衝動、欲、見栄《みえ》だけで、お金さんを手放すことになります。

僕は決してストイックではなく、服でも身の回りのものでも、ほしいものはたくさんあります。情報はたくさん入ってくるし、ちょっとした金額のものであれば、買えなくはないのです。だからこそ、イメージしようと決めています。

これは自分に似合うだろうか？

分不相応ではないか？

使っている姿は自分らしいだろうか？

お金を使うときにはまた、次の三つのうちのどの使い方をしているのかを考えると、もっとわかりやすいでしょう。

「消費、浪費、投資のどれだろう？」

大切なのは、暮らしの中でこの三つを、どのように配分していくかです。

消費は、生きていくために日々必要なお金です。家賃や食費、光熱費などがあてはまります。若いうちはたいてい消費だけで精一杯ですし、それは悪いことではありません。

浪費は、自分が楽しむためのお金です。衝動的な買い物をしたり、遊んだりするお金はこの範疇《はんちゅう》です。浪費もまた、「絶対に悪だ」と決めつけることもない気がします。今持っているシャツがまだ着られるのに新しいシャツを買うのは、無駄遣いにも感じられます。しかし、そのシャツで気持ちをリフレッシュし、明日からいっそう元気に働けるなら、浪費していいと思います。おいしいものを食べる、遊ぶというのは、生きていくためにモチベーションを上げるひとつの方法です。

ただし、浪費はたまに食べるケーキみたいなもの。毎日毎食ケーキを食べるのは、あきらかにバランスを欠いており、体にも悪いに決まっています。お金が友だちと考えた場合、ときには甘えたり、わがままを言ったりできる関係はいいものですが、それがあたりまえのように図々しくふるまったら、親友にさえ嫌われてしまうでしょう。

投資は、将来、役立つお金です。株や金融商品を買うのも投資ですし、否定するつもりはありませんが、やれる人は限られています。あくまで僕の意見ですが、資金、知識のゆとりがないのに金融投資をすると、逆に不安がつのる気がします。

こうした財テクばかりが投資というわけではありません。目的を決めて貯金をする、勉強のために使う、語学を学ぶ、本を買う、旅に出る、文化的なものや美しいものにふれるなど、自分磨きのために役立つお金の使い方であれば、すべて投資だと考えていいでしょう。そうやって成長した自分がよく働き、社会貢献すれば、いずれお金と友だちになり、人のためにお金を使えるレベルに達します。

ここでもうひとつ憶えておきたいのが、贅沢《ぜいたく》とのつきあい方です。

仮にエルメスのバッグがほしい人が二人いたとして、同じように買ったとしても、片方の人にとっては浪費になり、もう片方の人にとっては投資になります。分かれ目は、「自分を飾るために買っているのか、自分を磨くために買っているのか」ということ。

エルメスのバッグを持つことで、人にうらやましがられたい、自分をよく見せたい、ワンランク上の人間になった気分を味わいたいというのは、飾ること。見栄のために買うものは、百万円の時計でも百円のペン一本でも浪費です。

「みんなが持っているし、流行《はや》っているからほしい」というのも、自分に基準をおいていないという意味で浪費ですし、「ある程度の年齢になったからほしい」とローンを組むのは、自分という人間を年齢という基準だけで測っているのと同じことであり、浪費になってしまうでしょう。

一方で、エルメスという一八三七年創業の老舗《しにせ》の製品に触れることで、何か学ぼうという人もいます。職人が丹誠込めて手作りしたものの価値を知りたい、感動したいという人は、バッグを使って自分を磨こうとしています。「エルメスのバッグを所有する」のではなく、「エルメスのバッグを経験する」という自分磨きの買い物であれば、背伸びしたものでも投資と考えて良いというのが僕の考えです。

贅沢品が、浪費なのか投資なのかの線引きは非常にむつかしいもの。

いつもよりじっくり立ち止まって「分相応か?」「自分がこれを買ってお金さんは喜んでくれるか?」と考えなくてはなりません。

持っているものを見直そう

ちょっと時間を取って、消費、浪費、投資についての健康診断をしましょう。やり方はごく簡単で、自宅であたりを見まわす。これだけでいいのです。

木のテーブルとちいさな椅子。ノートパソコン。かたちが気に入っているデスクスタンド。壁際にある本棚に入った、ＣＤと写真集。何度も読み返している小説。寝室には小ぶりのベッドとクローゼット。ベッドカバーはすっきりしたものだけれど、目覚まし時計はキャラクター付き。もしかしたらクローゼットの中はごちゃごちゃしているかもしれません。

こうやって、家中を見て回りましょう。どんなものがあるか、こっそり忍び込んだよその人みたいに、自分の家を観察しましょう。

キッチンの食器や鍋《なべ》、バスルームのせっけん。玄関に並んだ靴、数本の傘。

もらったものや記念品、親から受け継いだもの、パートナーや子どもたちの持ち物があるかもしれません。おそらく大部分は、あなた自身が「お金さん」という友だちと引き換えに買い集めたはずです。

スプーン一本から「この家でいちばんの高額品」に至るまで、いったい自分がどれだけのものを所有しているか、改めて点検しましょう。そうしたもののために使われたことを、お金さんは、喜んでいるでしょうか。浪費が多すぎていないでしょうか。

「こんなもののために、僕を手放したの」と、お金さんを傷つけていませんか？

「私のかわりにやってきたものなのに、どうして放ったらかしなの」と、お金さんを泣かせてはいませんか？

「こんなすてきなものを手に入れるために、僕は役立っているんだ」と、お金さんが大喜びするような使い方ばかりしている人は、たぶん、かなり少ないはず。

最初は部屋の中でそっと胸に手を当てて、これまで自分が犯してしまった過ちや、お金さんへの数々のひどい仕打ちを、じっと振り返るしかありません。

きついことではあるし、できれば目をつぶってやり過ごしたくなるでしょうが、お金さんと新しいつきあいかたをしたければ、ほかに方法はないのですから。

消費、浪費、投資についての健康診断をすると、「あきらかに無駄だった」と反省し、お金さんにはお詫《わ》びをし、手放したほうがいいと判断するものもあるでしょう。

欲望に突き動かされ、やりきれない気持ちをなだめるために衝動的に買ったものは、買っただけで満足してしまうために、使わずにしまいこんでいたりするのです。そうしたものは、文字どおり宝の持ち腐れ。お金さんという大切な友だちを、ドブに捨てたようなものです。

逆に、好奇心で買ったものだし、あきらかに分不相応な高価なものでも、健康診断をきっかけに、勉強としてすばらしいなと、再発見することもあるかもしれません。

たとえば十万円するコップであっても、毎朝起きて水を飲み、唇にあたる感触で一流品であることを知り、毎晩帰ってきて水を飲み、手のひらにあたる感触でほっとくつろいでいたら、お金さんが大喜びしている買い物と言えます。

自分がこれまでどのようにお金を使ってきたか、片付けを兼ねてときどき点検してみましょう。

物事の価値を見定める

お金さんが喜ぶ使い方を考えるというと、「一生ものを買う」という話が出ます。しかし、これまたなかなか、むつかしいことです。

僕たちは生きていて、成長し続けています。日々、新しい価値観が生まれていきます。環境も変わるし、ライフスタイルも変わるし、一生というのはひとつの色ではないと思うのです。

だから買ったときは「一生使い続ける」と決めたものであっても、数年経《た》つと「ちょっと違うな」と感じることもあります。また、「生涯手放さない」と大切にしていたものでも、なくしてしまうことがあります。

自分の不注意で失うこともあれば、どうしようもない災害で、手元から離れていってしまうこともあるでしょう。家という日本人の多くにとっては一生ものの「買い物」でさえ、不可抗力で一瞬のうちに失うこともあり得るのです。

厳しくつらいことではありますが、ものというのがどれだけ儚《はかな》いかを、僕たちはちゃんと知っておかねばなりません。

「買ってすぐに価値が下がるものには、お金をかけちゃいけないよ」

僕の父がよく言っていた言葉です。

わかりやすい例を出せば、新築の家。購入したときは新築の値段がつきますが、住んだその日から中古住宅になり、資産としての価値は急降下します。五千万円で買った家が、たった数日で三千万円になるというのがあたりまえです。

新車も同じことで、一時間乗っただけで中古車に。壊れてもいないし、ぴかぴかであっても、価値が目減りしてしまうのです。

財産となるようなものや高額のものを買いたいというとき、「目減りするものにお金をかけない」というルールは、ひとつの目安になるでしょう。家であれば中古でいいと割り切る、あるいは住めば住むほど価値があがる新築の家を買うという具合に、判断していくということです。もっとも、あらゆるものはただのものに過ぎず、財産にはなりにくいというのも、憶えておきたいことです。

ものよりも経験に役立てる

自分の収入の三分の一を、自己投資に使うのが僕の理想です。

いくら自己投資が大切だからと言っても、バランス配分を無視して、自分の限度をわきまえなければ破綻《はたん》します。「家賃の目安は、給料の三分の一」と言われますから、三分の一の自己投資は、無理ではないけれど結構大きな割合です。それでいて漠然と使っていると、すぐになくなってしまうお金でもあります。

収入の三分の一というのは、あくまで今の年齢の僕がやっているという目安。若い頃は、なかなかそこまでの投資はできないこともありました。人それぞれ、自分に合う割合を考えましょう。どのくらい使えば、どのくらいのリターンがあるかを想定し、自己投資額の配分を決めるのは、自分株式会社の経営センスとも言えます。

「目的もなくお金を使わない。お金さんを喜ばせる投資をしよう」

常にこのように意識していないと自分が成長できないし、成長できなければ、お金を社会に循環させることもできないのです。

仕事というのは最終的に、必ず人間性が表れるものであり、いい仕事をするためには自分を磨かなければなりません。その時代の美しいものにふれて、豊かな人間になるべく努力するのが、僕のポリシーでもあります。だから自己投資の割合を、増やしたいと思っています。

その時代の美しいものとは、言葉をかえれば文化でしょう。美術、音楽、舞台、おいしいもの、一流人の話の中に文化はあります。このように考えると、自己投資となるのはものより経験です。ものは儚いし、ものはものに過ぎません。ものから学ぶことはありますが、経験と比べると大した価値がないことも多いでしょう。

二万円のものを買うなら、二万円のごはんを食べにいくほうが、学び多き自己投資となります。少し背伸びをする経験をし、懸命に努力しないとついていけないレベルに飛び込むことは、自分磨きとなります。

しばらく前、僕は自己投資のぶんのお金をやりくりして、ミシュランで三つ星をとったお店に行きました。星の数にこだわるわけではありませんが、自分にとって非日常の空間に行くことは、いい勉強になりました。

料理はすばらしく、使っている食器ひとつひとつも吟味されたもの。接客も、店の室礼《しつらい》もおおいに勉強になったのですが、いちばんの学びは店で食事している人たちの様子でした。

どう見ても僕がいちばん年下。食事をしている常連さんたちは皆物馴《ものな》れており、食事の作法も洗練されています。一流の場所に集まる一流の人たちを観察するだけでも、たくさんの発見と学びがありました。いずれ自分もこうした箸《はし》づかいや話術を身につけたいと、刺激を受けたのです。

「居心地が悪いのではないか、行きなれた気安いお店のほうがいい」と思う人もいるかもしれませんが、僕は歳を取れば取るほど、背伸びをする経験をしたいと感じます。

相手が年上でも年下でも、自分より優れた人たちと会いたいし、つきあいたい。一所懸命に勉強し、彼らになんとかついていこうという気持ちを持ち続けたい。素直さを忘れず、どんなにちいさなことでも感動したい。初々しさが消えない「永遠のビギナー」でありたいと願っています。

ちます。

そのためには、ちょっと無理をするくらいのお店に行くことも、経験として役立ちます。

すてきな経験だけが自分を磨く術《すべ》であり、やがて財産になるとは限りません。恥ずかしくてくだらないことであろうと、経験したことを自分の中に蓄積し、人に語れるようにすれば、財産に変わることがあります。

すこし前、ちょっとした冒険がしたいと思った僕は秋葉原《あきはばら》に出かけました。メイド喫茶が全盛だった頃です。人気のお店をこっそり調べて、なんと三軒もはしごしました。

「お帰りなさいませ、ご主人さま」

そこはテレビで見たとおりの世界。レースのついたエプロンをかけたウエイトレスが微笑《ほほえ》み、僕を迎えてくれました。最初の店は、一時間ごとにミニコンサートがあり、歌もあればお客さんが参加できるコントのようなものもあります。

二軒目の店で名物だという、生クリームやら果物やらで飾られた甘いパンケーキを注文すると、猫みたいなカチューシャをしたメイドの女の子が、お皿に魔法をかけてくれました。三軒目は三軒目でゲームがあったりして、僕はおおいに楽しんだのです。

「人気店は同じようなパフォーマンスでもレベルが高い」

「みんなはこういうところに夢中になるんだな！」

などという発見もありました。

いい歳をした男が、たった一人でメイド喫茶に行くなんて、恥ずかしいと思うでしょうか。僕は、一人で行くことこそ、大切だと思います。もし友人と連れ立っていたら、いかにもひやかしみたいに、斜《しゃ》に構えた「観察者」の態度になってしまったことでしょう。しかし一人であれば、バカにする余裕などありません。どうやったら「メイド喫茶」という異文化にとけ込めるか、必死になります。そしてとけ込むためには、必死になるより楽しんだほうがいいのです。

自分のライフスタイルとかけ離れていることを避けていたら、いつまでも経験できないことはたくさんあります。誰も知らないところへ行き、知らない扉を開けること。これは遠い外国だろうと、むつかしい学者の集まりだろうと、メイド喫茶であろうと、一人でなければできない冒険です。

冒険のおみやげこそ貴重な経験であり、僕は経験というビスケットで、ポケットをいつもいっぱいにしていたいと思います。そうすれば、誰かに分けてあげることだってできるのです。メイド喫茶にしても、外国人の友だちが遊びにきたとき、僕は自信たっぷりで案内しました。不思議だし面白いと、男性も女性も大喜び。お金は発生しませんが、これも社会に対して話題を提供するという、ひとつの貢献です。笑ってくれる人がいることで、「経験はやはり強いんだな。のちに財産となるんだな」と再確認できました。経験しなければ、外国人の友だちにメイド喫茶で喜んでもらうことはできなかったはずですから。

経験が財産になるとは、誰だって行動さえすれば、どんどん財産を作れるということです。なんだか元気になりませんか。

財布に穴があいていませんか

ボーナス。宝くじ。退職金。何かはわかりませんが、あなたにも突然、大きなお金が入ってくることがあるかもしれません。

「運がいい、よかった！」

そんなときは、ただ喜べばいいと考える人もいるはずです。

ただし、僕の考えは違います。「思いがけないお金が入ってくるとは、チャンスと試練がいっぺんに来たこと」、こうとらえることにしています。

お金さんにいっぱい好かれて、いっぱい愛されるチャンスかもしれない、と。

お金さんに嫌われ、去られてしまうかどうかの分かれ目、試練かもしれない、と。

なぜならたくさんのお金を手にしたということは、友だちが一気に増えたのと同じことだからです。これまでは一人の親友、数人の心許せる友だちとじっくりつきあってきた人が、急激に百人と知り合ったら、つきあい方は変わります。たくさんの友だちと、どのようにかかわっていくかを真剣に考え、実行しなければなりません。友だちには真心を持って接するのが当然なのですから。

大勢の友だち一人一人に真心を持って接し、うやまい、自分の言動に責任を持つことは、むつかしいし、骨が折れるし、間違いをしでかす危険もあります。

あるとき、急にまとまったお金が入った友人がいました。

「ずいぶんお金が儲かってね。まずは旅行して、ほしかったものを買おうと思う」

彼はとてもうれしそうで、お金をどう使おうかを、あれこれ話してきます。気持ちが高揚しているらしく、僕以外のいろいろな人にも「自分は今、羽振りがいいんだ」と言って回っているのです。

今まで自分が満たされなかった気持ちを、お金で満たそうとしているようにも見えて、僕は忠告しました。彼とは友だちだからこそ、嫌われそうな言いにくいことも、はっきり伝えたほうがいいと思ったのです。

「お金が入ることは誰しもあって、うれしいのはわかるけれど、人に言えば言うほど、財布に穴があくよ。出しっ放しの水道みたいに、じゃんじゃんお金が流れていくよ」

友だちが増えるのはうれしいことですが、人に自慢することではありません。人間の友だちでも、お金さんという友だちでも、同じだと僕は言いたかったのです。

「自慢すればするほど、財布に穴があく」

これは、僕のお金持ちの友だちが教えてくれたことです。

お金を持っているんだと自慢すると、見栄を張りたくなります。必要以上に高いものを買い、贅沢をしたくなります。人にごちそうするのも気分がいいから、どんどんお金が出て行きます。

ところが、一方的におごられたり、大盤振る舞いをされたりしたからといって、友だちが喜ぶとは限りません。いつも気軽なお店で楽しく過ごしていた仲間に、「僕がおごるから、これからは高級な店で楽しもう」と連れて行かれても、なんだか居心地が悪かったりするものです。そんなことがじわじわ積み重なると、友情が歪《ゆが》んで、友だちは離れていきます。

さらにお金さんという友だちは、消費や浪費として使えばなくなります。投資を考えず、お金が入ってきたことで生活を変えてしまうと、人生が狂います。麻薬におぼれるみたいに、お金を使わずにいられなくなってしまうからです。

しかし、もっと怖いのは、何に使ったという意識もなく、いつのまにかお金さんたちが消えていくことです。何せ財布に穴があいているので、何に使ったかわからないうちになくなってしまいます。

「大金を持っているんだ」と自慢すると財布に穴があき、人間の友だちも、お金さんという友だちも、いなくなってしまう。その恐ろしさについて、僕はお金持ちの友人から教わっていたのでした。


急にお金が入った彼は僕の忠告を聞くと、「大丈夫だよ」と言いましたが、大丈夫ではありませんでした。ふと気づくと、やっぱり彼の財布には穴があいていて、たくさん集まっていたお金さんたちは、すうっと消えていたのです。

だけれど途中で気がついて、彼はなんとか、立ち止まることができました。まだ残っていてくれたお金さんという友だちを、大切に扱おうと考え直したようです。

財布に穴をあける過ちは、誰でも犯してしまう危ないもの。たくさんのお金さんと友だちになる前から、ちゃんと知っておきたいことのひとつだと思います。

知らぬ間の借金に気をつけよう

あなたは今どのくらい、借金がありますか？

親や友だちにお金を借りている、キャッシングの返済があるという人もいるかもしれません。住宅ローンを支払っている人もいるでしょう。子どもの学費のローンがあるという人もいるかもしれません。

とくに大きな買い物をしたわけでもないのに、ちいさな借金やキャッシングローンをたくさん抱えている人は、お金の病気にかかっています。時間を取って、自分の気持ちを点検したり、暮らしの根元から見直したりする必要があると思います。

「べつに借金なんてないけれど」という人は、改めてカードの支払い明細書を見てみましょう。明細書はたいてい「今月のお支払い金額」となっています。借金をしているという意識はないでしょうが、これが落とし穴です。ちょっとした金額であっても、月末にはすぐ返すものであっても、お支払い金額とはカードを介した借金の額。クレジットカードは便利な発明ですが、日常的にお金を借りて暮らす癖がつく、怖い道具でもあります。

また、いつもカードを使っていると、お正月につくった一年のお金プランがどうなっているのか、わからなくなってきます。

これからお金を「お金さん」と呼び、友だちとしてつきあうなら、リアルに現金を使うという行為を大切にしてはどうでしょう。

僕の親の世代は、カードを使うという習慣がなかったので、いつも現金払いでした。月賦で買うというのはよほどのことで、ローンを組むならせいぜい住宅か車。実に健全だったと思うのです。

もちろん、カードは便利なものだし、緊急事態には役に立ちます。欧米では高額の現金を持ち歩かない習慣があるので、ホテルやレストランだと、カードで支払うよう求められます。

しかし緊急事態はあくまで緊急事態であり、常に事件が起こるわけではありません。そもそも日本で暮らしていたら現金を敬遠するお店もありませんし、高額な支払いが生じることなど、滅多にないと思います。

だから僕は、カードは一枚だけと決めています。複数のカードに年会費を払うのもばかばかしいし、いくら使ったかが余計にわからなくなるでしょう。

たった一枚のカードを使うのは、ほんとうに不測の事態というときだけ。

そのかわり財布には、「緊急事態用のお金さん」をお守りがわりに忍ばせています。

大人の男性として、十万円。普段使うお金とは分けていて、手つかずのまま気がついたら一年が経っていた、ということもめずらしくありません。

人によって額は違ってくると思いますが、若い人や女性であれば、三万円ほど緊急事態用の現金を用意しておくと、何かのときに安心です。カードがあるから大丈夫、と思っているより、お金さんとじっくりつきあうことにつながります。

カード依存になっている人は、いったんやめてみるのも、借金体質から抜け出す手です。旅行のとき以外は持ち歩かないことにして、家にしまっておくというのを、試してみましょう。

時にはチャレンジを恐れない

日常的な借金は悪しき習慣であり、即刻改めたほうがいいと思いますが、借金自体が悪というわけではありません。

お金さんが友だちであれば、借金とは友だちの力を借りること。

借金できるかできないかは、お金さんという友だちから、自分が信用されているかどうかです。

たとえば、あなたが新しいビジネスを始めるために、お金を借りるとします。

借金の、いちばんはじめのプロセスは信用をつくること。これまでのつきあいやあなたの仕事ぶり、暮らしそのものがきちんとしていれば、相手は信用してくれます。信頼を築き、良好な関係を保っていれば、銀行でも友人でも、喜んでたくさんのお金を貸してくれるでしょう。お金さんという友だちもまた、あなたを信じて力を貸そうと、仲間とともに駆けつけてくれるというわけです。

借金の次のプロセスはお金を借りることですが、これもあくまでプロセス。借金自体が目的というのはあり得ない話で、その先に新しい事業といった正しい目的がなければなりません。今の自分の力では果たせない大きなことを、友だちの協力で成し遂げるための借金です。

したがって借りたあとには必ず、そのお金を正しく使って目的を果たすというプロセスが必要です。

最後のプロセスは、きちんと期日までに返すこと。実際に借りた相手が親でも友人でも銀行でも同じです。お金さんは友だちだからこそ、借りっ放しなんてもってのほか。ちゃんと目的に達したら、借りたお金はきちんと返し、成長した自分の力でさらなるお返しをし、社会に還元する。今度はあなたが、助けを必要としている誰かに力を貸す。

ここまでが「正しい借金のフルコース」です。

借金というのは、友だちづくりのフルコースにも似ています。信用されて関係を築き、時には力を借りて目的を叶え、成長する。自分が成長したら、相手の恩に報いるお返しをする。これをお互いにやりとりするのが、高めあう人間関係ではないでしょうか。

お金とは、血液のようなものだとも書きました。不可抗力の外的要因によって健康を損ねたら、輸血が必要なこともあるでしょう。そのときに喜んで血をわけてくれる友だちがいるかどうかも、自分がちゃんと信用を築けているかどうかのバロメーターとなるでしょう。


世の中の一流企業と言われる会社で、借入金ゼロというところはほとんどありません。事業規模を大きくするために借金も必要なものだし、銀行という友だちのためにお金を借りることもあるようです。

僕たちは皆、自分株式会社の経営者です。自分株式会社の場合、理想は無借金経営ですし、日常的にはここを目指しましょう。しかし、さらにジャンプしたい、成長したい、冒険したいというときは、慎重に、真剣に、借金をしましょう。

二十代後半から三十代初めにかけて、僕はよく借金をしていました。銀行にも借りましたし、信販会社のキャッシングも利用しました。親に頼み込んで借りたこともあります。

洋服を買いすぎた、遊びすぎたというわけではありません。新しい挑戦を始めていた頃で、そのための資金が必要だったのです。

正しい借金のフルコースなど知らなかったあの頃、借りたお金を返すのは、ほんとうに大変でした。

「お金は入ってきているのに、なんで返すとなると、こんなに苦労するんだろう」と身に沁《し》みました。

「借りても返せる」という自信があったし、「自分は信用を築いている」という自信もあったからした借金です。多少、期日に払えるかハラハラしたこともありましたが、結果的にはきれいに返すことができました。

それでも、借金という荷物が肩にくいこむ重たさは忘れ難くて、「基本は自腹」というのを肝に銘じたのはこの頃です。

若き日の僕は、今より無知で怖いもの知らずでしたから、もしかすると返せずに、取り返しのつかないことになったかもしれません。お金が人を変えてしまうという怖さを知ったのも、このときでした。

こうして振り返ってみると、危なっかしく、荒技ではありましたが、若いうちに借金をしたのはいい経験でした。たくさん貴重な勉強ができたと、お金さんに感謝しています。

僕が自分で「お金さんが喜ぶ、いい使い方をしたな」と思っているのは、三十代の頃、移動書店のためのトラックを作ったことです。

トラックに本を積んで、あちこちに出かけ、買う人を楽しませながら売って歩く古書店。この試みは僕にとって、とびきり大きな冒険で、改造したトラックにかけたお金もとびきり大きく、総額一千万円ほどでした。

貯金どころか借金をしていた僕にそんなお金はなかったから、さらなる借金もしました。それで「お金が儲かる」というリターンはなかったけれど、「自由って、こういうことか」と考えるチャンスになりました。

「こんなやり方もあったのか」

「二トントラックに乗った古書店？　そんな面白いやつがいるのか」

目を丸くしたり、喜んだり、面白がってくれる人もずいぶんいて、それがカウブックス誕生にも、お客さまとの出会いにも、本を書いたり雑誌を編集したりという今の仕事にもつながったのです。この経験によって、金額にはかえられないくらい、大きなものを与えてもらいました。

『暮しの手帖』の仕事を始めるという新しい冒険のときは、借金はしませんでしたが、今、自分が何を持っているか、ひとつひとつ整理し、把握する。いわば棚卸しのようなことをしました。人間関係、知識、経験。これまでコツコツ貯めてきた僕の「資産」を、全部この新しい冒険で使ってしまうことに決めたのです。

言ってみれば貯金ゼロ。自分のすべてをつぎ込み、隠し球などない状態でスタートしましたが、この資産運用は、減るどころか今でも増えていく一方です。

生活も仕事も含めて「株式会社松浦弥太郎」を出し惜しみしなかったことが、よかったのでしょう。だからお金さんも出会う人々も、僕を信用してくれたということかもしれません。

これから借金をしようという人は、自分に質問をしましょう。

「これは大冒険の資金なのか？」

「無事に冒険から帰ってきて、お金を返せるだろうか？」

「冒険で、宝物を見つけられるのか？」

「宝物を見つけて帰ったとき、みんなにちゃんとお返しができるか？」

冒険は、帰る場所があるからこそ、わくわくできることを憶えておきましょう。

Ⅳ

お金が減らないのはなぜだろう

お金持ちの心得を聞く

お金について学び続ける

僕たちの多くはこれまで、友だちとして、生きるための健康管理として、お金の話をとらえてきませんでした。金融工学や財テクという話を徹底してするか、あるいは「お金のことを口にするなんて品がない」「お金は汚い」と敬遠するかの、両極端だったのではないでしょうか。

僕自身、子どもの頃「お金とは何か」について、学んでこなかったように思います。親も学校の先生も「大切に使いなさい」とか「無駄遣いはいけません」といったことは教えてくれましたが、大前提である「お金とは何か」を語ってくれる大人は、まわりにいませんでした。

この状態で、世間にあふれる多すぎる知識や、お金をきっかけとした犯罪などにまみれてしまうと、いつのまにかお金と自分の関係がわからなくなってしまいます。間違った価値観のまま、生きることになってしまいます。

だからこそ、「お金は友だち」という新しい考え方で、もう一度お金さんと向き合いたいと、僕は改めて思ったのです。

「お金さん」と友だちになる方法を、いくつか紹介してきましたが、最後となるこの章では、僕が尊敬する人たちに教わった知恵を、おすそわけしたいと思います。

日本の人もいれば、台湾の人もいます。男性もいれば女性もいます。皆さんがそれぞれ人間としてたいそう魅力的であり、お金さんと友だちになっている方々です。

仕事はいろいろですが、みんな「自分株式会社」の経営者として成功していて、そこでは「勤ちゃん」と「務くん」がバランスよく働いています。

また、「お金さん」と「時間さん」両方といい関係を築いているつきあいの達人でもあります。

僕自身はまだまだ勉強の途中ですが、こうして本を通して、自分が教えてもらったことを読者の皆さんに伝えることで、改めて学べる気がしています。これからもずっと、お金について学び続けたいと思っています。

好奇心の木を枯らさない

僕のまわりで、たくさんのお金さんと友だちになっている人は、大概うんと年上です。しかし、子どものように純粋な人たちでもあります。

「何それ、聞いたことがないよ。僕に教えてほしい」

ちょっとでも知らないことがあると、目を輝かせて質問してきます。好奇心ではちきれそうだから、顔は老いていたとしても目が若々しいのです。

お金を友だちにしている人は、何事にも好奇心旺盛《おうせい》ですが、お金に対してもいつも好奇心を持っています。

「好奇心の大きさは収入に比例する」

お金持ちの彼らを見ていて、僕にはこんな言葉が浮かびました。

なぜなら、いろんなことに対して、「これはなんだろう?」と好奇心を持つと、知ろうとして勉強します。そうやって知識が増えれば、「こうしたい、ああなりたい」という夢や目標が生まれます。

常に新しい夢や目標があれば、張り合いができて、健康になります。夢や目標を叶えるために、よりよい仕事の仕方やよりよい暮らし方をすればもっと健康になり、新たな知恵も生まれます。心と体が健康であればエネルギーに満ちあふれていますから、自分のレベルが上がります。レベルが上がったところで知恵を使えば、仕事でも勉強でもより多くを学び取れるようになります。

こうした人は魅力的ですから、友人もお金さんという友だちも、自然に増えていくのです。好奇心とは、常に楽しいこと、新しいことを探すこと。世の中にある「いいもの」、誰かの中にある「いいところ」を探そうという姿勢でもあります。

いつもお金の愚痴を言っている人は、心の中の「好奇心の木」が枯れています。お金のことも、ほかのこともあきらめてしまっているから、世の中に関心がないのです。

「何が起ころうと、自分には関係ない」

こんな人と友だちになりたくないというのは、お金も人も同じこと。

好奇心の木だけは、枯らさない。とても大事な教えだと思っています。

お金さんを追いかけない

「お金持ちって、気前がいいですよ」

僕がこう言うと、だいたいの人は早とちりをします。

「ああ、お金があるから、ごちそうしてくれるんでしょう。いいなあ、松浦さん。プレゼントをもらったりもしますか？」

こんなふうに言われると、僕はすこし困ります。

年上の方にはごちそうになり、年下の人には自分が必ずごちそうする。これが僕のやり方なので、なるほど、ごちそうになる機会もなくはありません。

しかし、お酒も呑まず、夜は十時に寝る僕ですから、あってもかなり稀《まれ》なこと。そもそもお金さんと友だちになっている人は、ほとんどが早寝早起きであり、会食なんて滅多にしないようなのです。

気前がいいというのは姿勢の問題で、いつも自分から何かを与え続けているということです。知恵でも、働きぶりでも、まず自分から先に、持っているものを差し出す。人や社会に対する貢献でも、まず自分がする。それがやがて巡り巡って、お金さんとして返ってくるとわかっているから、ゆったりと構えている。

お金持ちの気前よさとは、こういうことだと思います。

自分が差し出したものに対して返ってくるお金の量は、相手の感動の量に比例する。これもお金持ちの友人から教わったことのひとつです。人を感動させればさせるほど、たくさんのお金さんと友だちになれます。

感動とは、無条件に心を動かされること。

「あなたが私にやさしくしてくれたら、感動するほどおいしいお茶を淹れてあげますよ」

こんな態度で、相手にやさしくされるのを待っていたら、永遠に誰一人感動させられないと思います。それなら、自分が先においしいお茶を淹れたほうがいいのです。

お金さんをつかまえようとして、がむしゃらに走って追いかけるのではなく、お金さんが大喜びで、子犬みたいにあとからくっついてくるように、先手を打ちましょう。追うのはやめて、追わせましょう。

「会社の待遇が悪い、給料が低い」というのも、じっと待っている態度です。もらうのが先、相手のほうに良くしてほしいという姿勢だから、うまくいかないのです。

「お金持ちでもない、優秀でもない私には、人を感動させる力なんてない」

こんなふうに言う人はたぶん、「感動とはものすごい魔法みたいなものだ」と思っていて、身近にある感動の芽をうっかり踏みつぶしているのでしょう。

すごい人に教えていただくばかりの僕ですが、自分にできるお返しは、きちんとしようと決めています。

たとえば、ごちそうになったら翌日に電話をかけて「ありがとうございました」と言う。お礼の手紙を書く。「今日はごちそうになるな」とわかっていたら、先回りしておいしいお菓子や花束を用意し、プレゼントする。

ほんとうにささやかでも、これが僕にできる貢献だし、先手を打つことだし、感動してもらうための行動です。自分に差し出せるちいさな芽を育てる取り組みです。

いただいた感動は、貴重な財産になります。それを貯め込むのではなく、正しく「運用」することも、自分にできる貢献だと思っています。

先日、料理研究家のホルトハウス房子《ふさこ》さんとお話ししていたときのこと。ホルトハウスさんは和菓子好きで、中でも京都の老舗「川端道喜《かわばたどうき》」のちまきがお気に入りだという話題が出ました。お店のはじまりは一五〇三年に遡《さかのぼ》るそうですから、たくさんの物語があることでしょう。

川端道喜の本のうち、『和菓子の京都』（岩波新書）と『酒帘《しゅれん》　川端道喜随筆集』（サンブライト出版）の二冊が面白いとホルトハウスさんに薦められた僕は、すぐに買って読み、感想の手紙を出しました。

これは教えていただいたという感動を、「本を買って読む」という行動に移し、「感想のお手紙を出す」というささやかな貢献をする、そんな運用方法です。

僕の行動はとても簡単なことですが、実際にやらない人も多いので、ぜひ試していただきたいと思います。

同じくホルトハウスさんが教えてくださったのは、大磯《おおいそ》にある「新杵《しんきね》」の虎子饅《とらのこまん》頭《じゅう》。

「街のちいさなお店だけれど、素朴でおいしくて、私、わざわざ買いに行くのよ」

それから間もない週末、僕は大磯まで買いに出かけて、食べてみました。

東京から川端道喜がある京都に出かけるのはむつかしくても、大磯ならやりくりして足を延ばせる。行動自体はちいさなことですが、やるかやらないかで大きく変わります。

いくら教えてもらっても、自分で味わい、経験しないことには、わからないことがたくさんあります。だから行動するのです。いただいた感動を行動して確かめ、さらに勉強して確かめ、自分のものにすれば成長できます。成長するに従って、お返しできる貢献も大きくなります。

かしこいふりをせずに、素直に教えていただく。教わったら行動し、自分のものにする。これを本気で続けていくと、愚痴を並べたてたり、お金を追いかけたりする暇はないのです。

弱者にならないように

「弱者になるな」

僕が尊敬する、すてきな大人に教わった言葉です。それはこんな意味でした。

弱者と敗者は似ているようで、決定的に違うものです。どちらも「いろいろうまくいっていない」という共通点がありますが、弱者とは、はなからチャレンジをあきらめた人たちです。

好むと好まざるとにかかわらず、世の中には勝ち負けのような場面がたくさんあります。人との勝負もあるにはありますが、むしろ自分との勝負です。

敗者とは、果敢に勝負に挑み、失敗し、負けた人たち。

知識がないから負けたのかもしれません。努力が足りなかったのかもしれません。準備不足が原因かもしれません。しかし、挑戦する勇気を持ち、失敗の原因を自分の中に見いだせる敗者は、必ずやり直せます。

知識がなかったら、勉強して蓄えればいい。

努力が足りなかったら、もっと努力すればいい。

準備不足が原因なら、次はもっときちんと準備をすればいい。

このように反省し、挑戦する勇気を失わなければ、必ずやり直すことができます。

失敗を、自分を磨いて成長するきっかけに転換できます。

仕事がうまくいかなくても、挽回《ばんかい》できます。友人すべてに嫌われても、また誰かとつながることができます。お金さんたちがさーっと離れていってしまっても、「もう、おしまいだ」なんてことはないのです。

何もかも失い、自分が空っぽになった気がしても、感謝する心がひとかけら残っていたら、敗者には必ず、ふたたび運が巡ってきます。


いっぽう弱者というのは、最初から挑戦をあきらめた人たち。自分は弱いから、戦うだけの力もないから、かわいそうな存在だからと、「弱い私」という旗をかざし、座り込んでいる人たちです。

うまくいかないことは、人のせい、会社のせい、社会のせい。

自分から何も働きかけていないのですから、こう感じるのも当然なのかもしれませんが、誰かのせいにしていたら何ひとつ変わりません。

弱者はまた、人の思いやりに感謝することを知りません。

「私は弱いのだから、手を貸してもらって当然だ」

弱者は「弱い私」という旗の下で、自己主張だけしているのです。差し出される思いやりは、やがて哀れみに変わるでしょう。

いくら枯れ果てて見えても、その人の土壌に感謝という種が眠っていれば、思いやりという恵みの雨が降り注いだとたん、芽を出します。しかし、感謝という種すら絶えてしまった弱者の畑は、思いやりの雨も流れていくだけ。やがて雨が哀れみに変わったとき、その土壌は凍土となって、時を止めてしまうでしょう。


僕たちは、みんな弱い人間です。自分の弱さを知り、人の弱さを知り、思いやりあうのは大切なことですが、自分の弱さを振りかざしてはいけない。

このルールを、僕はすてきな大人から教わりました。だから何遍だって、たとえ負け試合でも、挑んでみるつもりです。

人の目を気にしなくていい

「日本人は面白いね。占いというと、恋愛のことだと思ってる」

台湾人の友人が、こう言って笑っていました。台湾で占いは、仕事や生活にとけ込んだひとつの文化。仕事やお金のことを占ってもらう人が多く、「占い＝女性が好むもの」というイメージもないようです。

台湾の僕の友人たちは、いつもお金のことを話題にします。

「ところで、お給料はいくらもらってるの？」

会ってすぐの相手にも、明るくずばりと質問してきます。あまりにあっけらかんとしていて、人の給料の額なんてまず聞かないし、聞かれたこともなく生きてきた僕など、最初はどぎまぎしました。

日本にも台湾と同じく、「お金は大事なもの」という共通認識はあります。しかし、何度か書いてきたように、「そんなことを口にするなんて、はしたない」という恥じらいの文化が強いのかもしれません。また、「変な人だと思われるかもしれない」という恐れがあるのだと感じます。

南の国だからかもしれませんが、台湾に行くと、ビーチサンダルにほとんど寝間着みたいな格好で、ぶらぶら歩いている人も見かけます。そういう人が実は巨万の富の持ち主だったりして、面白いなあと思うのです。

しばらく通ううちに、わかってきました。台湾には見栄を張る人が、日本に比べて少ないのだと。お金を持っていても、持ち物やライフスタイルでそれを表さない。自分がお金持ちであることをひけらかさないという、美学があります。人の目を気にしないし、見栄を張らない台湾の人は、日本人よりお金さんとのつきあい方が自然なのでしょう。

数は少ないものの、日本人の中にも人目を気にしない、飾らない人はいます。僕がいろいろ教わっている年上の友人も、その一人です。彼には僕が三十代の頃から、折にふれ、何度となくこう言われてきました。

「人からよく思われたい、かっこいいふうに思われたいというのをやめろよ」

その友人は実業家で、すごい資産を持っています。ところが、見た目はまったく普通の人です。

目につく品を身につけているわけではないし、特別エネルギッシュなわけでもない。特徴がないことが特徴みたいなもので、あえて言えば、とにかく穏やかで人の話をよく聞くということ。

偶然、カウブックスに来てくれたのがきっかけで話をするようになり、やがて友人になりましたが、最初は普通の本好きな人だと思っていました。だんだん親しくなった頃、誘われて家に遊びに行き、初めてものすごいお金持ちだと気づいたわけです。

台湾の友人も資産家の友人も実践している「人の目を気にしない」というルールを、僕も守っています。見栄を張らないと決めています。まだまだ教わることばかりですが、いつかそのうち、僕もお金さんといい友だちづきあいができるでしょう。

台湾の人はまた、常に自分が持っているお金を動かすことしか考えていません。貯めることを考えている人は、少数派のようです。

「いいアイデアがあるんだ。まだビジネスになるかどうかわからないけれど、実現したら楽しいし、人に喜んでもらえると思ってる」

食事をしながら、僕がこんな話をすると、台湾の友人たちは、すぐにこう言います。

「いいじゃない。私にもお金を出させて」

その言葉はもちろん、成功したら自分にもリターンがあるので出資したいという、商売人の感覚からも出ています。しかしそれ以前に台湾人には、「友だちが新しいことをするなら、絶対自分が助けたい」という大きくてあたたかい心があります。

自分がお金さんと友だちになったら、みんなに紹介して、もっと友だちを増やす。なんともすてきな考えではありませんか。

台湾料理は、海に囲まれた国らしく、魚介が豊富です。野菜や香草もふんだんに使い、ほんとうにおいしいものが多いのですが、たいていが気取らない家庭料理です。豪華な大皿に、飾り切りをして盛りつけするより、小皿料理を何種類も用意して、気軽に「うまい、うまい」と食べるごちそうです。

気取らなくて、あたたかくて、おいしくて、家庭的。

生き方も、お金さんとのつきあいも、台湾の友人のたたずまいは、こんなおいしいものと同じなんだと、僕はおおいに食べながら、なんだか楽しくなりました。

なんでも素直に試してみる

相手がお金持ちでも、偉い先生でも、たんなる友だちでも同じです。人から何かを教えてもらう秘訣《ひけつ》は、「素直であること」だと思っています。誰だって何かを言うたびに「なんで？」「それで？」「でも」と言う相手より、素直に受け入れる相手のほうが心地いいに決まっています。

もっとも、素直であるとはただ感心して「へえー、そうですか」と聞いていることではありません。聞いたことを素直に実行すること。再三書いてきたとおり、行動しなければ、何も始まりません。

素直に聞き、素直に行動する。これは人にかわいがられ、得をする秘訣でもあります。このルールさえ守っていれば、相手は惜しみなくどんどん教えてくれます。それを素直に聞き、行動し、成長すれば、もっと高度なことも教えてもらえるし、理解できるようになります。こうしていい循環が始まると、僕は信じているのです。

最近、教えてもらってそのとおりに実行したことのひとつが、銀行口座を「気のいい場所」に移すこと。

「お金は別に地元の銀行に預ける必要はない。『気』のいい場所を選ぶことが大切だよ。『気』のいい場所には成功した人がたくさん住んでいて、お金の流れも気の流れも滞っていない。すべてが循環している。そういうところにお金を置いておくといい」

この話を聞いたときはちょっとびっくりしましたが、考えてみれば土地にはその土地の持っているパワーというのがあるのかもしれません。風水という考え方もあります。

わかりやすく言えば、高級住宅街を歩くだけで「豊かさ」を感じ、パワーをもらえるようなものでしょう。そこで僕は、さっそく口座を移しました。

台湾の友人は風水を意識しているので、家の中でお金を置く場所にも気をつかっています。「家の中で、お金さんにとっていちばんいい場所」を教わったので、わが家もそこを財布の定位置にしました。

それは、部屋の中でいちばんすっきりとした〝眺めのいい場所〟。引き出しにしまったり、低い位置に置いたりは決してしません。花を飾るとしたらここかな、というとびきりの場所を財布の置き場所としてあげてあります。

教わったことではなくても、観察していて「そうじゃないかな？」と感じたことも、素直に実行してみます。たとえば、お墓参りもそのひとつ。

あるとき友人と話していて、「仕事で成功し、社会に貢献している人ほど、家族と先祖を大切にしている」と気がつきました。

これが成功とどう関係するのかはわからないし、信じない人もいるかもしれませんが、少なくとも僕のまわりのお金持ちは、頻繁にお墓参りをし、まめに仏壇の掃除をしています。

自分は無宗教だという人でも、ほとんどは先祖のお墓があります。だから、お盆やお彼岸、命日にかかわらず、折にふれてお墓に足を運んでもいいと思うのです。

日本のお店などでは、商売用の神棚をつくっているところがよくあります。しかし、僕が気づいたのは、先祖を大事にすること。その意味では、台湾や中国の人に近いやり方です。彼らは日本人以上に、家族を大事にしていると思います。

血縁の力や自分の日頃の行いが、ゆるやかに成功する方角に導いてくれる、そんな感覚かもしれません。

わが家のお墓参りは、ここ十年ほど年に六回。家族三人揃って、僕の先祖の墓に年に三回、妻の先祖の墓に年に三回。朝早く出て、丸一日かかるので大変と言えば大変ですが、気がついたときにはやっていました。

友人と話をして、まだまだだと思った僕は、家の中にもお参りできるスペースを作りました。仏壇はありませんが、祖父の写真を飾ったのです。毎朝お水を替えて、お線香をあげ、手を合わせる。これなら、お墓が遠い、あるいは事情があってなかなか行けないという人でも、すぐにできるのではないでしょうか。

家族と縁が薄く、先祖とは会ったこともない人でも、必ず誰かしらの子どもです。大切なのは、先祖を思う気持ちです。先祖と家族の支えがあってこそ、世の中の大勢の人と支えあうことができます。

大きなことにお金を使おう

もう春なのに、とても寒い夜でした。冷え込んできたところに、雹《ひょう》が混じった雨。僕と年上の友人が食事をすませ、そろそろ帰ろうかという頃には、外は土砂降りになっていたのです。

お店を出た僕は、タクシーが拾える道に出るつもりでした。友人の家も僕の家も、方向はまるで逆ですが、車で十五分ばかりです。そのとき友人が、こう尋ねました。

「この近くにも、バス停があるよね？」

彼には最初から、タクシーに乗るという発想がなかったのでしょう。夜、冷たい雨、びちゃびちゃ濡《ぬ》れる足元。それでもまだバスがある時間なら、バスで帰るのが彼のあたりまえなのでしょう。

自分はまだまだだなあと思いました。彼は僕よりずっと年上で、一日中タクシーで行動できるくらいお金持ちです。もし僕が同じ方角であれば、彼はタクシーに乗り、僕を送ってくれたでしょう。だけれど、それはあくまで僕のため。自分一人で帰るのであれば、タクシーには乗らないのが彼の流儀なのでした。

やっぱりこういうところが、お金さんと友だちになっている人と自分との差なのだと、恥ずかしくなりました。駅前のバス停まで歩くという彼に、「じゃあ僕も一緒に」とは言えませんでした。あきらかに僕はタクシーで帰る気配を漂わせていたからです。彼と別れて、違う道を歩いて帰りました。もう家に帰るだけだから、濡れたところでどうってことはないのだと、雨の中で噛《か》み締めながら。

仕事でつきあいのある雑誌社でも、現場の人は気軽にタクシーに乗ります。ところが名物とされる指折りの編集長クラスの人たちは、電車やバスです。

タクシーに乗るとお金はかかるけれど、それだけ時間を節約できるという意見もあるでしょう。しかし、時間の節約ができると言っても、都内であればせいぜい十分、二十分です。タクシーを飛ばして駆けつけなければいけない突発的な事故など、日常的にあってはならない話です。

たぶん、成功して責任のある立場になった人は、そのわきまえがあるのでしょう。

僕が尊敬している、閑静な街の大邸宅に住むお金持ちの老婦人も、運転をやめた今、日頃の足はバスだと話していました。

「タクシーなんて、経済的じゃないでしょう」

ちいさなお金を使わないこと。これはお金持ちのたしなみかもしれません。

タクシーはあくまで一例ですが、お金持ちほど質素です。

しかし、お金を使うときは、惜しみなく大胆に使うのがお金持ちです。仕事や新しいチャレンジには、ポンと思いきりよくお金を出します。

お金持ちは、「大きなこと」にお金を使う。それはおそらく、お金さんが生きる使い方をしよう、お金さんが喜ぶ使い方をしようと考えてのことだと思います。

お金持ちになればなるほど、消費、浪費、投資のうちの浪費が減っていくのは、自分の気持ちを浪費で満たす必要がなくなっているからではないでしょうか。自分の気持ちではなく、世の中の人の気持ちを満たそうという心が芽生えているのではないでしょうか。

たとえば、襟がよれっとしたTシャツを着て、持ち物と言えば新聞だけというような台湾の友人も、「この人がこの事業をやったら世の中がよくなる」と思えば、すぐに出資します。個人の努力と才能が報われる手助けをすることこそ、生きたお金の使い方であり、お金さんを喜ばせる方法だと知っているからです。

台湾人には、事業家としての損得勘定をシビアにしている人であっても、必ずどこかに「人を助けるためにお金を使う」という意識があります。「このお店がなくなったら、近所の人たちが困る」という理由で、多少高くてもその店で買い物を続けるといった心配りもあるのです。

ちいさなお金を使わないということと関連して、お金持ちほど、税金をきちんと払っています。常識的な節税はしますが、税金をごまかしたり、無理な税金対策をしたりするのは意味のないこと。脱税をすれば社会的な信用を失いますし、そこまでいかずとも、ちまちまと税金をやりくりして大成功する人はいないと聞きました。税金を払うとは、お金を私物化しないこと。世の中に対して貢献する方法のひとつです。

使わなくてもいい「ちいさなお金」を使うことも、払うべき「ちいさなお金」を惜しむことも、お金さんに嫌われる原因になるのだと、憶えておきたいと思います。

ちいさなお金には心をのせよう

ちいさなことに使ってもお金さんは喜ばないと書きましたが、例外もあります。それは、思いやりを表すお金。

お金さんが喜ぶ使い方を知っている人は、思いやりを表す名人でもあります。

たとえば、心付けのセンス。チップの習慣がない日本ですが、僕の友人のお金持ちは、たまに乗ったタクシーではおつりをチップにしています。料金が千六百円なら二千円払います。ここもセンスが必要で、おつりの百円玉を四枚もらってから、二百円渡すというのは煩雑ですし、「わざわざチップをあげている」という野暮ったさがあります。

「三十になったらチップを渡し始めなさい」と彼には言われましたが、僕は、三十歳だとちょっと早いんじゃないかな、と思います。四十歳をすぎたあたりから、練習を始めてはどうでしょう。

格式のある旅館や、きちんとしたレストランでも、心付けをきれいに渡す所作を身につけたいものです。僕がいつも用意しているのは、きれいなお札とぽち袋。銀行に行ったときにぱりっとしたお札に替えてもらい、折れないように長財布を使っています。また、あらかじめきれいにたたんだ二千円を入れたぽち袋を、二、三個常備しています。いくら高級店でも、カウンターの店では心付けは渡しません。できる限り、まわりの人にわからないよう、さりげなくするのがマナーだと思っています。

出張に行く部下には、お餞別《せんべつ》を渡します。「お菓子代にしかならないけれど」と言って、小額を。ちいさいお金だから気兼ねせずに受け取ってもらえるし、たいていそれでおみやげを買ってきてくれます。これもひとつのコミュニケーションです。

心付け、餞別、ご祝儀、あるいはお香典。

こうしたちいさなお金は本来、感謝、お礼、励まし、お祝い、お悔やみといった気持ちを表すとき、「言葉だけじゃ足りない」と思って添えるものです。お金さんという友だちに、気持ちの使者になってもらいましょう。

ちいさなお金には、必ず心をのせること。これも、心付けのセンスにあふれる、すてきな大人に教わったことのひとつです。

自分にできることを一心に

お金持ちに学び、社会に貢献できるお金の使い方をしようと決心したとき、ほんの一瞬だけ、無力感がよぎりました。

自分にできることなど、たかが知れているのではないかと。

あまりにちいさいのではないかと。

そんなふうに考えるのは、敗者ではなく弱者です。だから自分なりに、どうすればいいかを考えました。すると、ごく単純なことだとわかりました。

人に喜んでもらうのはすごく簡単で、自分がしてもらったらうれしいことをやればいいだけだと。

「友だちづきあいの基本は、自分がされてうれしいことを、相手にしてあげること」

〈お金は友だち〉の章でこう書きました。お金さんとのつきあいも、同じだと。

自分がしてもらったらうれしいことを、相手にもする。

自分がいつも、先に与える。

これはもしかしたら、あらゆることに当てはまるルールであり、生きていくことの基本かもしれません。


ルールどおりに実行するにはまず、自分と人との違いを際立たせることが大切だと思います。人は皆違うし、それぞれ生きてきた経験も、得意分野も違います。自分の持ち味を知り、その持ち味を活《い》かして、みんなに役立つように努力すること。これが、仕事を通して社会貢献するということではないでしょうか。

僕らは歳を重ねるにつれ、人と自分を比べ、人と違うことを恐れるようになります。「人並み」の収入、「人並み」の仕事を望むようになります。

しかし、成長していけば成長していくほど自分らしさが際立ち、人と違っていくのが世の理《ことわり》ではないでしょうか。人との違い、自分だけの特別な何かを持っていなければ、自分がされてうれしいことを人に与えることなど、どうやったってできないのではないでしょうか。

僕よりちょっと年上で、中国や台湾でインテリア関係のビジネスをやっている友人がいます。成功したお金持ちの彼女に、僕は聞いてみました。お金さんとのいいつきあいとはなんでしょうかと。すると彼女は笑って言いました。

「そんなの、簡単には教えられない」

そしてひとつだけ、教えてくれました。

「人と違ったお金の使い方をするの。人と同じ使い方じゃ、成功できないわ」

彼女がお金さんと友だちになり、社会に還元できるようになったのは、「人との違い」を看板にして自分株式会社を経営してきたからだということでしょう。その看板を、学び続けることで磨き上げてきたのでしょう。

前にも書いた哲学者セネカは、『余暇について』という著作でこんな言葉も述べています。

〈われわれは波にもまれながら、あのものからこのものをと摑《つか》み、求めたものを捨て、捨てたものをまた求め、欲望と悔恨の間に右往左往している。それはわれわれ

が全く他人の判断に依存しているからである〉

自分より優れた人に素直に教わり、お金さんとのつきあいかたを学ぶのも大切ですが、最終的に判断するのは自分です。ほかの誰とも違う、自分だけにしかできないことを挙げてみましょう。それには、夢を書き出すのがいちばんだと僕は思っています。「夢を十個書き出してみて」と言われて、戸惑ってしまう人もいます。実際、僕が言ってみたところ、「考えたこともありません」と答える人すらいました。

冷たい言い方かもしれませんが、こういう人には夢がないのでしょう。いくら書いても書ききれないほど夢がある僕からすれば不思議なことですが、だったら一所懸命に思い描き、夢を考えればいいと思います。

「お金を儲けるには、夢を追ってちゃダメだ」と言う人がもしもいたら、嫌われることを覚悟で、「だから貧乏なんだよ」と僕は言うでしょう。

夢とお金はつながっています。夢を見るとは、自分がわくわくする、うれしいことが何かを明らかにすることです。自分がうれしくなることがわからないのに、自分がされてうれしいことを人に与えることはできません。

夢を描くとは、イメージする力です。相手を思いやり、お金さんを思いやる想像力がない人には、人もお金も集まっては来ないでしょう。

日常的で具体的なことでも、自分にできることを人に与える練習をしましょう。

僕はすこし前に引っ越しをしたのですが、コミュニティが変わったこともあり、近所のボランティアセンターを訪ねました。自分にもできることは何があるのか、教えてもらったのです。今、時間があるときやっているのは、お年寄りの散歩の付き添いといった簡単なお手伝いです。

チャリティやボランティアに参加できるチャンスはあるのか、何が必要とされていて、自分はどう役に立つのか。実際にやる、やらないは別として、いつでも関心を持つべきだと思っています。

ゴミ拾いでも、草むしりでもいい。自分ができることをしましょう。それは人とつながり、社会に貢献するチャンスでもあるのですから。

友だちと知恵さえあれば

二〇一一年三月十一日の東日本大震災のあと、台湾の友人からたくさんのメールが来ました。今、必要なのはとにかくお金だろう、ぜひ使ってほしいとあり、送金しようとしてくれたのでした。

東京に暮らす僕は、直接の被害を受けることもなく、無事でした。気持ちだけはほんとうにありがたく、感謝して受け取りました。

「今、必要なのはとにかくお金」

友人の言葉がきっかけで、僕はお金についても、いろいろと考えました。

日本で暮らす多くの人と同じように、あの災害は本質的なことを、改めて考えさせられる機会だったと言えます。

曖昧《あいまい》になっていたことを整理し、実生活の中で必要なものといらないものを区別していくこともしました。二〇一一年は、いわば勤ちゃんの仕事よりも、務くんの仕事が多かった年だということです。

「大切なことはなんだろう?」

「何があったら助かるのだろう?」

お金さんは僕らの大切な友だちで、おおいに助けてくれるでしょう。お金があれば、水や牛乳を買うことができます。また、お金によって僕たちは、社会や人を助けることもできます。

お金も自然も人間もすべてはつながっていて、ひとつのボタンを間違えたとたん、ほかのボタンも掛け違えるように影響を受けます。

お金は健康と同じく自分を守ってくれる基礎体力のようなものであり、普段から丈夫になるよう、たくさんの血液がすこやかに流れるよう、血管を太くしておいたほうがいいでしょう。

これからは、収入源を複数持つということも、考えていいと思います。これだけ変化が激しい世界で暮らしているわけですから、ひとつの仕事がだめになったら、それでお金さんと縁が切れるという状態では心配です。

「こちらがだめなら、あちらがある」というようにできたら、心強いと感じます。

しかし、いくらお金があっても、お店に安全な水や牛乳が売っていなかったらどうでしょう？　たぶん僕らは無力です。

銀行にやまほど貯金があっても、大停電で銀行が閉まってしまい、すべてのATMが停止したらどうでしょう？　たぶん僕らは無力です。

さらに、お金の価値というのは変動します。物価は国によって違うし、世界の経済状況の変化で、札束があったとしてもチョコレート一枚しか買えなくなる可能性もあるのです。

お金は友だちだけれど、万能ではなく、正義の味方でもないこと。僕は改めてお金の大切さと、お金より大切なものについて思いを巡らせました。

そして、気がついたのです。

すべてを失ったとき、助けてくれるのは友だちだと。

友だちであれば、お店が閉まっていても、どこに行けば水が手に入るか、教えてくれるでしょう。ほんとうに困っていたら、自分の水を分けてくれることだってあるでしょう。

東日本大震災のとき、日本の西に住む友人からも、連絡が入りました。

「東京が住めない状況になったら、いつでも家族でこっちにおいでよ」

彼の言葉が、家族を抱えて不安だったあの春の僕を、どれほどほっとさせてくれたでしょう。ほかにも、友だちが教えてくれたいろいろな情報が、どれほど役に立ったでしょう。

ほんとうにありがたく、その気持ちを感謝して受け取りました。

幸い、今も東京にいますが、もしもすぐさま離れねばならなかったとしたら、頼りになるのはやはり、お金さんという友だちより、人の友だちだと感じ入りました。

あたりまえのことですが、友だちから受け取ることだけを考えてはいけません。頼る前に、自分自身で生き抜く知恵が必要です。何もかもなくしたとき、どうすればいいかを考える力は、なくてはならないものです。

また、立場は常に入れ替わります。僕たちは、助けてもらう立場にもなるし、助ける立場にもなる。だからこそ、自己中心的な考えは捨てて、世の中に貢献するという努力を、たゆみなく続けていかなくてはなりません。

お金さんという友だちがいなくなってしまっても、友だちと知恵さえあれば、僕は生きていける。友だちと知恵があれば、一銭もなくても、決して不安にはならない。あの地震と大津波をきっかけに、改めてこのことを教えてもらったと思います。

友だちと、知恵さえあれば大丈夫。

こんなことを書くと、きれいごとだと言う人がいるかもしれません。

たぶん自分株式会社の中で、務くんは「きれいごと」の部分、勤ちゃんはそうでない現実的な部分を担っており、僕たちにはその両方が必要なのでしょう。

普段は、勤ちゃんが忙しく働いていればそれでいいと思い込んでしまいますが、「社会に対して、自分の務めとは何だろう？」と考え、務くんが働く時期もなければ、何かを見失うと思うのです。

仮に仕事を失ってしまっても、「勤ちゃんには少し休んでもらおう。今は務くんに頑張ってもらおう」と考える。お金さんを連れてくるという意味では、たとえ、勤ちゃんの一割ほどしか働きのない務くんだとしても、できることは必ずあります。

この柔軟性を持てばいいと考えることで、僕はずいぶん、楽になりました。

いい友だちと、豊かな知恵さえあれば大丈夫、どんなことでも乗り越えられる。この言葉を抱きしめて、お金さんとも、友だちとしてつきあっていく。そうすれば時代がどんなに苦しくなっても、未来はかなり明るく見えてくるのではないでしょうか。

最後にもうひとつ。お金持ちになりたいと思い続けていた僕は、こんなふうにいろいろとよく考えてみれば、お金持ちになりたかったのではなく、ただただお金さんと仲良くなりたかったんだ、ということに気がつきました。所有するのではなく、お金との善き関係の築きかたを学びたかったのです。

みなさんにとってこの本が、「さて、自分にとってお金とは何か?」と考えてみるきっかけになってもらえたら、とてもうれしく思います。

特別収録

伊藤まさこ（スタイリスト）×松浦弥太郎

スペシャル対談

〈この本は、「お金とのつきあい方を見つめ直してみよう」というきっかけを作ってくれました〉という、スタイリストの伊藤まさこさん。かねてより、伊藤さんのコラムのファンだったという松浦さんの希望で、対談が実現しました！

お財布の整理整頓《せいとん》は、気持ちいい！

松浦　今日は伊藤さんにお会いできるというので、すごく緊張しています。伊藤さんの暮らしはすごく端正でしっかりしている印象で、お金についてもさぞや、ということでおいでいただいたんです。

伊藤　いえいえ、お金に関しては本当にだめなんです。お財布もいつもぐちゃぐちゃだったのですが、『松浦弥太郎の新しいお金術』を読んでから、一日一回、領収書を出して整理する、という習慣ができました。

松浦　お財布を整理すると気持ちいいでしょう。ハンカチをたたみ直すような気分というか。お札でも領収書でも、急いでいたりすると、バッと入れちゃう時もありますよね。僕は一日に何度も、きれいに入れ直したりしています。

伊藤　ご本、とても面白かったです。「えーっ！　松浦さんは二年に一度お財布を買いかえているんだ」とか具体的なところでとても新鮮な驚きがありました。今、お使いのお財布は何か特別なものですか？

松浦　ごくシンプルなものです。お札を折りたくないので長財布を愛用していますが、買いかえるときは違うものにしたほうが楽しいので、結構時間をかけて選んでいますね。

お金の悩みがない人たちの知恵に学ぶ

伊藤　本を読んで松浦さんは、時間の使い方もとてもきっちりされてそうだなと思いました。それに、改めて感じたのは、お金の使い方と時間の使い方って実はこんなに……。

松浦　似ているんですよ。

伊藤　そう！　似ているなって。松浦さんは、お金や時間の使い方と生活とのバランスがすごくいいんですね、きっと。私は年に一回、確定申告が終わると税理士さんから聞いて自分の収入を知るというくらい、本当にざっくりしているんで、このままじゃちょっといけないって気分になりました。

松浦　僕らのような仕事は、決算期や確定申告のときに税理士さんから一年間の成績表を見せてもらうようなところがありますね。プラスマイナスがはっきりと出るので、管理してきたつもりでも、ああ、使い過ぎたなとか、頑張ったなとか、だめだなとか。いろいろそのときにわかることが多いですけどね。

伊藤　そうですね。私も税理士さんに「一年間よく頑張りました」とか言われたりします。まるでお父さんみたいに（笑）。

松浦　お金というのは、明確でとても具体的なもののくせに、きちんと学ぶ機会がないまま社会人になってしまうという人も多いと思うんです。不思議なものですよね。僕が今まで働いてきた中で感じていた、「お金とは友だちみたいな関係を持てればうまくいくんだな」という実感を、お金についての知恵を淡々と僕に話してきてくれた年上の友人たちに感謝の気持ちもあって、本にまとめたいと思ったんです。

娘に伝えたかった大切なお金の話

松浦　もうひとつ。僕の娘がこの春、中学三年生になったんですが、彼女にきちんとお金のことを話したい、彼女に話すならどう伝えるかって考えたのがこの本を書く直接のきっかけとなりました。

伊藤　松浦家では、毎月の水道代のこととかもお話しされるって書いてあって、すごい！　って思ったんですが、お金の話を子どもとするのは結構、難しいですよね。松浦さんはどんなタイミングで切り出すんですか？

松浦　やっぱりなかなか大変（笑）。僕は必ず七時には帰宅して一緒に夕食を食べるようにしているんですけれど、それでも、「ごちそうさま」のあと、娘はすうっと食卓から自分の部屋へといなくなっちゃう。

伊藤　早いですねー！

松浦　そう。だから、おいしいデザートなどを用意しておいて、食後のデザートをいただきながら「さて」と。とは言っても、だらだらと話すだけだと面白くないから、今月はいくら入ってきて、と具体的な数字を紙に書きながら話すようにしているんです。「このお金はあれに使おうと思ってる」とか、自分でもぼんやりしていることが見えたりしますし、子どもも半分くらいしか聞いていないと思いますが、うちはこんな感じなんだ、親はこんなふうに考えているんだということがわかると思うんですよね。

伊藤　税金の仕組みとかもそうですけど、お金のことって実はきちんと勉強していない代表選手みたいなものですよね。毎日、絶対使うものなのに。

松浦　そう。本にも書きましたが、お金のことを話すのをタブーにしない。お金とうんと仲良くなったほうが絶対に良いと思うので。娘には、お金の話をすることは恥ずかしいことではないし、とても大切なこと、というのは伝わっているんじゃないかなと願いたいですけどね。

自分でとことん考えて、使う

松浦　伊藤さんが子どもの頃の、お金についての思い出やエピソードはありますか?

伊藤　私自身のというより年の離れた姉たちの話なんですが、二人がお年玉やお小遣いを貯めた一万円を一日で一気に使うという楽しいことを計画していたのを良く憶えてますね。私がたしか五歳とかそれくらいのときなんですけど。

松浦　それは楽しそうですね。

伊藤　そうなんです。まあ、ぬいぐるみや漫画なんかの、かわいらしいものを買っているんですが、そのためにすごく我慢もするわけです。そんなふうに貯めたお金をパーッと本当に好きなもののために一日で使うというのは、何て楽しそうなんだろうって強烈に憶えています。

松浦　僕もお小遣いをもらえるようになって漫画本を買いにいくときの自己主張というか罪悪感込みのドキドキは憶えていますね。親が推奨しないものを確固たる自分の意志で買う、というあの感覚。あれは、お金を使い始めた子どもにとって大切な感覚だったと思いますね。自分で考えて使う、という。

伊藤　うちも母親は、お小遣いで買うものについて全く何も言わなかったですね。無駄遣いするなとも言われなかった。でも、使っちゃって泣きついても「でも、使ったんでしょ」って。だから「はい、使いました」って（笑）。甘い顔はしなかったので、今思えばバランスが取れていましたね。でも、今の私は娘に甘いですけどね。

松浦　僕もまあ一人娘なので親ばかです。何かがほしいなんて聞いちゃうともう……時間がかかろうと手に入れてあげたいと思うタイプなんです。

楽しく使えば、お金は喜ぶ

伊藤　お嬢さん、何をほしがったりします？

松浦　それが、「何かほしいものある？」って聞いても「ない」って言うんですよ。ほしいものはたいてい手に入れてしまっているんです。甘やかしを反省しなければいけないですね。

伊藤　うんうん、うちもそうですね。

松浦　映画を観《み》るとか遊園地に行くとか、そういうのは我慢しないほうがいいよっていつも言っているんです。経験にはお金を惜しまないほうがいいよって。そうしたら、ついこの前なんですが突然「来年ロンドンに行くから」って。

伊藤　留学ですか？

松浦　そう、学校のカリキュラムで短期留学したいと。「申し込んでいい？」って言われたら「う、うん」って言うしかないですよね。

伊藤　親としてはそうですよねぇ。経験にお金を惜しまないという点では、私も同じです。例えば三ツ星のレストランに行くとか、時間がちょっととれたから京都行っちゃえ、とか。高級な旅館やホテルに泊まるのも気持ちいいですし。はたから見たら「ぜいたく〜」「浪費」って思われるかもしれませんが、私にとってはぜんぜん浪費じゃないんです。絶対に自分のためになるお金の使い方だから。

松浦　むしろ投資ですよね。

伊藤　私はホテルに泊まるのが大好きなんです。シーツがぴしっとしたすごく気持ちのいい大きなベッドにもぐりこんで一人で寝るとか、もうそれだけで素晴らしい。

松浦　一流の旅館やホテル、レストランからは学ぶことが多いですよね。ちいさな感動がたくさんあって、それは必ず自分のためになりますよ。僕は、「なぜこの価格なのか」ということが知りたいんですよ。それは自分が体験しないと、答えという秘密が見つけられないことなので、授業料として楽しんでお支払いします。

お金は使ってこそ、お金

伊藤　このお金は自分の身になる……と思って使うと、お金って不思議と回っていく気がしますね。良いふうに考えるようにしている「言いわけ上手」というのもあるんですが。

松浦　楽しく使ってるからお金に嫌われていないんですよ。良いお金の使い方をしているときは、高い買い物をしても、それが自分の経験となり、また仕事の役に立って出ていって、といい循環を生むので、すぐわかります。全く減っている実感はないんですよね。いや、もちろん減っているし、使えば使うだけなくなるんだけど、それでも誰かが財布にお金をそっと入れてくれてるんじゃないかって思うくらい目減り感が全くない。

伊藤　これは無駄じゃなかったと正当化しているだけかも。お買い物の言いわけ。

松浦　いいんですよ。良いお金の使い方で循環が始まれば、お金が足りなくなりそうなくらいのほうが仕事も頑張れますし、前向きになります。だから、僕はみんなもっとお金を使えばいいと本気で思っているんです。それはお金とのつきあいを学ぶこと。笑われるかもしれませんが、僕は本気でそんなお金とのつきあい方を誰もができるはずって信じてるので。伊藤さんは、お金について不安に思うことってありますか？

伊藤　不安？　不安は感じたことありませーん。

松浦　そうだと思いました（笑）。好奇心が強いところも僕と似ているなと感じます。僕はわりとせっかちなところがありますが、伊藤さんはいかがですか？

伊藤　せっかちではないですね。でもあまり迷いません。買い物も即断ですし。不思議なことに、ものは好きなんですが、ものへの執着はないんです。引っ越しの時はものを減らすいいチャンス。友人知人が「ほしい」というものはバンバンあげてしまいます。ものがなくなると、身軽になって気持ちがすっきりするんですよね。それでも買い物が好きだから、徐々にものは増えていくのですが。

一文無しになって気づいたこと

伊藤　六年経って、それでもまた荷物が増えてきてはいるんですが（笑）、でも最近、すごいことに気づいてしまって。このところ出張が多いんですが、ちいさなスーツケース一個で二週間くらい暮らしていけるんです。あれっ……ということは家にあるあの荷物は何？　と。だからもう少し暮らしのいろんなことのサイズをどんどんちいさくしていけたらいいかな、と思ってるんです。

松浦　僕もなんだかんだ言って、自分の身の回りにあるものにそんなに執着はないですね。最終節にも書きましたが、いざというときに本当に必要なものは……ということを、今こそお金を通じて考えるチャンスかなと思っています。

伊藤　ほんとですね。去年、松本に大きな地震があった時、家の食器がたくさん割れてしまったんです。大切にしていたものばかりでしたが、なぜか清々《すがすが》しい気持ちになったんです。命があるんだからいいじゃないか、というような。

松浦　うん、うん、僕もそう思いますね。僕ね、アメリカでほんとうのほんとうに一文無しになったことがあるんです。我ながらびっくりしたんですけど。

伊藤　我ながらって（笑）。

松浦　結局そのときは「さあ、どうする自分」と、メラメラとチャレンジ精神みたいなものが燃えてきて危機は脱出したんですが。そのとき学んだのは、人間は一人では生きていけないということ。お金がなくても、誰かとつながりを持てれば、どこへ行っても生きていけるんだなって。つくづく感じましたね、お金って結局こういうものかって。

伊藤　そうですね。

松浦　うん。知らない人にあいさつして、話をして友だちになるみたいなことさえできれば大丈夫ってことを自分の中で確信できました。震災のときにもつくづく同じことを感じました。

伊藤　そうですよね。究極、お金ではない。お金持ちだからって、しあわせとは……。

松浦　そう。何かをたくさん持っていればしあわせとは限らないから。どうしたらよりよくお金とつきあっていけるかを考えて上手に暮らしたいですね。

伊藤　ほんとうにそうですね。この『お金術』は、時間の本でもあり、暮らしの本でもあり、人づきあいの本でもありますね。読んだ人が、人生はお金だけではない、って気づくことがたくさんあると思います。

松浦　ありがとうございます。書いて良かったです。

伊藤　こちらこそ、今日はありがとうございました。実は私、ご著書を読んでいていつも「んー？　松浦さん、正しすぎる……」って。こんなにきちんとされててホントかなーって疑惑の目で見ていたんです。今日は少し素顔を暴けたらいいなと思ってたんですけど、やっぱりだめだったみたいです。

松浦　いや、だめなところもたくさんあります。今度はそんな話もぜひ。今日はありがとうございました。

〈2012年　春〉

集英社文庫

松浦弥太郎《まつうらやたろう》の新《あたら》しいお金術《かねじゅつ》

2014年9月25日　第1刷
2024年8月14日　第3刷

定価はカバーに表示してあります。

著　者　松浦弥太郎《まつうらやたろう》

発行者　樋口尚也

発行所　株式会社　集英社
東京都千代田区一ツ橋2-5-10　〒101-8050
電話　【編集部】03-3230-6095
【読者係】03-3230-6080
【販売部】03-3230-6393（書店専用）

印　刷　大日本印刷株式会社

製　本　ナショナル製本協同組合

フォーマットデザイン　アリヤマデザインストア　　マークデザイン　居山浩二

ISBN978-4-08-745230-3 C0195